T0019881

Descubriendo al General

Graham Greene

Descubriendo al General

Graham Greene

Prólogo de
Jon Lee Anderson

Epílogos de
Gabriel García Márquez

Traducción de
Rosalía Vázquez

CRÍTICA

Diseño de portada: Ramón Navarro
Imagen de portada: Shutterstock

© Título original: *Getting to know the General* (1984)
© Del texto: Herederos de Graham Green
© De la traducción: Rosalía Vázquez

© De la introducción: Jon Lee Anderson
© De los epílogos: Herederos de Gabriel García Márquez

La presente edición ha sido licenciada a Ediciones Culturales Paidós, S.A. de C.V. por el propietario de los derechos mundiales en español, Capitán Swing SL, domiciliada en calle Rafael Finat 58, 2.o 4ª, 28044 Madrid (España)

Derechos exclusivos en español para Latinoamérica y los EEUUA

© 2014, Ediciones Culturales Paidós, S.A de C.V.
Bajo el sello editorial CRÍTICA M.R.
Avenida Presidente Masarik núm. 111, 2o. piso
Colonia Chapultepec Morales
C.P. 11570, México, D.F.
www.paidos.com.mx

Primera edición: octubre de 2014
ISBN: 978-607-8406-01-2

Impreso en los talleres de Grupo Infagón, S.A. de C.V.
Escobilleria No.3 Col.paseos de Churubusco
C.P. 09030 Del. Iztapalapa, Mexico, D..F.,
Impreso y hecho en México – *Printed and made in Mexico*

Índice

Prólogo

Carta desde Panamá: Parcelas en venta con vistas al mar[1]

Jon Lee Anderson

---

[1] «Letter from Panama: 233 000 acres, ocean views», *The New Yorker*, 29 de noviembre de 1999.

El Palacio de las Garzas es un edificio de estilo andaluz, de tres plantas, que se alza, prácticamente sin acera, en una calle adoquinada del casco antiguo de Ciudad de Panamá. Desde principios de los años veinte, cuando se restauró el edificio y se convirtió en residencia del presidente panameño, hay garzas blancas rondando por los macetones de palmeras del pequeño patio porticado del interior. Pueden ir y venir a su antojo, aunque al parecer hace mucho que dedujeron que estarían mejor en aquel patio que en cualquier otro sitio de los alrededores, ya que hay buitres sobrevolando el mercado sucio y maloliente del otro extremo de la calle, y borrachos vagando todo el día.

En el siglo XVII, este palacio fue la residencia de un juez de la Corona española. Se construyó sobre un brazo de tierra que a un lado tenía la entrada pacífica del canal y al otro una bahía. La fachada del palacio mira hacia el muelle de la bahía. Está flanqueado por desvencijados embarcaderos de madera y edificios descuidados, con balcones de barandilla de hierro donde se ven cuerdas de tender la ropa, pero desde allí también se ven los nuevos bancos, hoteles y edificios de viviendas que se alzan al otro lado del agua en destellantes racimos de acero y vidrio reflectante. La vista se estropea unas horas al día, con la bajamar, cuando las aguas que descienden dejan al descubierto feos bancos de fango, piedras y herrumbrosos cascos de barcas encalladas; en ese momento, el hedor que mana de las cloacas que desaguan en la bahía se vuelve casi insoportable.

Actualmente, el Palacio de las Garzas está ocupado por la primera mujer que ha obtenido la presidencia de Panamá, Mireya Moscoso, baja, de cincuenta y tres años, con el pelo teñido con henna y una licenciatura en interiorismo por el Miami-Dade

Community College. Mireya, como la llaman afectuosamente sus electores, entró en política a los diecisiete años, y fue secretaria y luego compañera de Arnulfo Arias Madrid, un personaje excéntrico, cuarenta y seis años mayor que ella y presidente de Panamá durante tres breves mandatos. Arias era racista y admirador de Hitler. Su oratoria era arrebatadora y su populismo gozaba de amplia acogida en el país. Introdujo algunas leyes progresistas, como las que garantizaban la seguridad social y el sufragio femenino. Pero se ganó muchos enemigos y cada vez que llegaba a la presidencia era derrocado por un golpe. En 1968, once días después de jurar el cargo por tercera vez, fue derrocado por la Guardia Nacional. Arias se exilió a Miami, Mireya fue con él y allí contrajeron matrimonio.

Entre los oficiales que dirigieron el golpe contra Arias estaba Omar Torrijos Herrera, que fundó un régimen simpatizante de Tito y de Castro, aunque Torrijos no era marxista ni defendía ninguna ideología concreta. Como dictador tampoco perteneció a la clase de los déspotas bárbaros y megalómanos de la época, como Duvalier, Somoza y Stroessner. Su antiguo amigo Alberto Pons, un rico fabricante del ramo textil y hoy director de la Fundación Omar Torrijos, afirma que ni siquiera era un hombre violento. «No encontrará usted un dictador que haya matado a menos personas: dos, tres, cuatro a lo sumo». (Casi todas las fuentes le atribuyen varias docenas). Torrijos era un hombre carismático, apuesto, bebedor empedernido, cuyas campechanas incongruencias todavía respetan sus admiradores. «Para resolver un problema, antes tiene que constituirse en problema», decía. Y: «La causa de un mal es mucho peor que el propio mal». Su declaración más famosa, que aparece grabada en su mausoleo, se refería a la larga y problemática relación de Panamá con Estados Unidos: «Yo no quiero entrar en la historia, quiero entrar a la zona del canal...».

Desde 1903, año en que la República de Panamá se fundó en una conflictiva provincia de Colombia, Estados Unidos ha intervenido con dureza en sus asuntos. La separación de Colombia fue orquestada por Teddy Roosevelt, y una de las primeras cosas que hizo el nuevo gobierno fue firmar un tratado que prácticamente concedía a Estados Unidos el control absoluto de la zona del canal, una franja terrestre de dieciséis kilómetros de anchura por ochenta y dos de longitud que iba de la costa pacífica a la atlántica. El canal y las bases militares estadounidenses dieron trabajo a los panameños y los militares norteamericanos inyectaban dinero en la economía local. Panamá no se ha molestado nunca en tener moneda propia. Utiliza el dólar estadounidense, que allí llaman *balboa*. La comandancia del ejército meridional estadounidense estaba en Panamá y durante la Segunda Guerra Mundial estuvieron allí estacionados unos sesenta y cinco mil soldados norteamericanos. El ejército estadounidense utilizó la selva panameña como campo de entrenamiento durante la guerra de Vietnam.

Con el paso de los años, los sucesivos presidentes de Estados Unidos reconocieron la aspiración de los panameños a tener más control sobre su propio país y prometieron un tratado más justo. En 1964 estallaron disturbios por el tema de la soberanía y varios estudiantes panameños murieron tiroteados por soldados estadounidenses, pero no se hizo gran cosa por satisfacer las reivindicaciones independentistas hasta que, en 1977, Jimmy Carter y Torrijos firmaron un tratado que acordaba la devolución gradual del territorio, una devolución que termina precisamente este año, a mediodía del 31 de diciembre. «Estamos decididos, con orgullo y dignidad, a entrar en el nuevo milenio con la soberanía totalmente recuperada», dijo Mireya en diciembre, en su discurso de investidura. Puesto que ha costado encontrar altos funcionarios estadounidenses que quieran pasar el fin de milenio en Ciudad de Panamá, la celebración oficial del acontecimiento tendrá lugar el 14 de diciembre. Los últimos soldados estadounidenses se habrán ido por entonces, las últimas bases estadounidenses se habrán cerrado y el gobierno de Panamá gobernará todo el país por primera vez en su historia. y se hará cargo de una propiedad histórica valorada en unos cuatro mil millones de dólares, con sus playas, selvas tropicales, aeródromos, puertos, su ordenación del suelo, sus bases militares y, desde luego, el canal.

Hace sesenta años, Panamá soportó la campaña de Arnulfo Arias para purgar el país de negros de origen indio y de asiáticos, pero el país sigue siendo una alegre mezcla de inmigrantes africanos, europeos, árabes, estadounidenses, chinos e hindúes.

La santería, el catolicismo, la Iglesia de Pentecostés, el bahaísmo, el budismo, el hinduismo y el islam tienen una notable presencia en Panamá y coexisten sin hacerse el menor caso entre sí. La larga permanencia de los yanquis ha originado sus propios sincretismos benignos: el beisbol panameño, los matrimonios mixtos, los niños bautizados con nombres como US-NAVY, Edsel y Alvin; y los topónimos en *spanglish*, como Perejil, para referirse a Perry's Hill.

Pasar del caos del centro de Ciudad de Panamá a la zona del canal, entre sus céspedes bien cortados y su aire tranquilo y elegante, era antes como pasar de un pueblo mexicano de la frontera a las zonas residenciales de las afueras de Yuma, Arizona. Hoy, en ciertos puntos donde Ciudad de Panamá y la Zona estaban separadas por una valla, las dos entidades demográficas se han fusionado, aunque los panameños que se han instalado en las limpias y austeras casas del antiguo personal militar estadounidense las han reformado y hecho más acogedoras, con arcos de ladrillo en la puerta, colores vivos y rejas de hierro forjado. En un lugar de la Zona que en otro tiempo era una especie de tierra de nadie se está construyendo un gigantesco centro comercial, y Port Amador, antigua base naval, tiene actualmente un aspecto distinto, mientras los *bulldozer* arrancan los viejos árboles umbrosos para ensanchar las carreteras. Las instalaciones portuarias de la base se están ampliando para adaptarse a los trescientos cruceros que se calcula que pasarán por el canal todos los años, y se ha invitado a los inversores a que construyan un complejo de hoteles, centros turísticos y comercios.

Los cambios que se ven fuera de la Zona reflejan la política desarrollada en los diez últimos años por los gobiernos civiles, que han sido muy generosos con la empresa privada y la inversión extranjera. El régimen militar que gobernaba desde 1968, desde que Torrijos y sus colegas derrocaron a Arnulfo Arias, terminó en diciembre de 1989, momento en que Estados Unidos invadió Panamá y se llevó al general Noriega en avión a Miami para juzgarlo por tráfico de drogas y conspiración. Noriega había sido el jefe del servicio de contraespionaje de Torrijos y pasó a ser el mandatario de facto del país en 1981, tras la muerte de Torrijos en un accidente aéreo. Los gobiernos que le sucedieron en los años noventa, de centro derecha, impulsaron la economía y hoy puede verse el resultado de construir sin trabas durante años. Actualmente hay autopistas, puentes, bloques de pisos, bancos recién construidos o en construcción y han desaparecido muchas antiguas y encantadores casas tropicales, con techumbre de cinc o de tejas. Casi toda la nueva arquitectura es del lujoso «gótico de Miami». Con sus fachadas de cristal bicolor y sus curvas de fantasía, algunos edificios parecen radiocasetes portátiles, de los de dos altavoces. En los omnipresentes centros comerciales, anunciados con extravagantes rótulos de neón verdes, amarillos y morados, los puestos de comida rápida norteamericana están empotrados entre las tiendas de artículos electrónicos japoneses y los importadores de perfume francés.

Los panameños de clase media comen bien, tienen teléfono móvil y coche de colores chillones, pero la tasa de desempleo del país es de alrededor del trece por ciento y los barrios bajos de Ciudad de Panamá no han mejorado gran cosa desde que gobernaba la dictadura. En todo caso, hay más barrios pobres que antes. Conforme la población rural, que comprende alrededor del cuarenta por ciento de los 2 800 000 habitantes que tiene Panamá, abandona los pequeños pueblos agrícolas y las paupérrimas aldeas del campo, la población de Ciudad de Panamá crece de manera desproporcionada. La mitad de los panameños vive ya allí y el creciente círculo de colinas sembradas de chabolas refleja, como anillos de un árbol, los efectos de una inmigración que no cesa. Las últimas comunidades son por lo general agrupaciones de barracas levantadas de la noche a la mañana con restos de material de construcción. Al cabo de unos días, el bosque se expolia a causa de la necesidad de leña, o se quema para preparar huertos. Un par de años después, los *precaristas*, que así les llaman, tienen ya una casa más grande, de tablones e incluso de bloques de cemento, con tejado de cinc, letrina exterior y bidones de aceite para acumular agua. El bosque ha desaparecido y las casas se alzan en laderas peladas y calcinadas por el sol, alfombradas de basura, rojas a causa de la erosión y cruzadas por senderos.

Y está el canal, que parte el país por el centro mismo. Las esclusas no son más que acequias de hormigón con compuertas y ruedas y poleas de hierro, pero cuando pasa un blanco buque de línea, con toda su aerodinámica majestad, como una tarta nupcial gigante, con monte verde en ambas orillas, nos damos cuenta de pronto de la grandeza de la obra. Durante gran parte del siglo XX el canal ha sido el símbolo del poder de Estados Unidos en el mundo occidental, y desde que se negoció su devolución —durante el tenso epílogo de la retirada estadounidense de Vietnam—, un ruidoso lobby de políticos conservadores estadounidenses no deja de calificarla de movimiento imprudente y retirada irresponsable. En un aspecto simbólico, retirarse de Panamá viene a ser como perder una de las colonias que Estados Unidos ha mantenido con más firmeza. Los argumentos en contra de la devolución recuerdan los formulados por los británicos cuando se retiraron a regañadientes de Kenia y la India. Los contrarios a la devolución dicen que Panamá apenas sabe gobernarse solo y no está capacitado para dirigir el canal. Predicen que saquearán los ingresos del tráfico del canal, que se descuidarán el mantenimiento y la seguridad y que será un blanco ideal para los terroristas internacionales.

Un día no muy lejano, antes de que eligiesen a Mireya, fui a ver a la Comisión del Canal. Ya sabía que, hasta la fecha, la devolución se estaba haciendo sin problemas (porque así me lo habían dicho todos los que tenían intereses depositados en el futuro de Panamá) y que más del noventa por ciento del personal del canal estaba compuesto por panameños. Mercedes Morris, joven portavoz de la comisión, me dio la interpretación optimista. «Tiene usted aquí un reportaje de interés humano —dijo— o Panamá mira al futuro». Irritado por el sermón, me puse a enumerar los problemas de Panamá, entre los que destacaba la generalizada corrupción administrativa.

Al igual que casi todos los panameños, Morris no negaba que hubiera corrupción, pero alegaba que no era tan grave como «antes», uno de los muchos eufemismos con que se alude al régimen de Noriega. Un par de días antes había oído otro circunloquio en boca de un político: «el régimen que precedió al actual», y todo para no decir «el de Noriega». Pregunté a Mercedes por qué se evitaba su nombre. Suspiró. «Es como decir en público que se tiene un herpes en los genitales —dijo—. Es una vergüenza nacional». La vergüenza se debe tanto a la invasión estadounidense como a los años de brutal dictadura de Noriega. Los panameños saltaron de júbilo cuando Torrijos firmó el Tratado del Canal en 1977, y doce años después George Bush y los marines llegan y los machacan. Que a Noriega lo condenaran en Florida a cuarenta años de cárcel (que tras una apelación quedaron reducidos a treinta hace unos meses) fue una forma inequívoca de decir quién mandaba.

Estuve en Panamá por primera vez a mediados de los años ochenta, en el apogeo de la dictadura de Noriega. Fue cuando las cosas empezaron a desmoronarse. La atmósfera del lugar coincidía con las anécdotas que contaba mi abuelo materno, que había trabajado de ingeniero civil en Panamá en los años treinta. «Entonces era un país salvaje —decía tras contar algún escalofriante episodio relacionado con otros ingenieros—. Los hombres se volvían locos en Panamá». En los años ochenta, Panamá era el lugar más rentable del mundo, con su pasillo internacional, su sistema bancario sin control fiscal, su zona de libre comercio, su pabellón de conveniencia y su política de inmigración consistente en cambiar pasaportes por dólares. Tenía la distribución de embajadas extranjeras más ambigua de todo el hemisferio occidental. Los cubanos y los libios la tenían junto a la estadounidense; hasta el Frente Polisario tenía allí una legación. La tenían también la todavía disidente OLP y cualquier grupo guerrillero latinoamericano que valiera la pena tomarse en serio. Utilizaban Panamá para ocultar dinero, comprar armas e intercambiar información secreta. El comercio de armas florecía. El amo de este mercado, con el consentimiento de Noriega, era Mike Harari, antiguo agente del Mossad. Era un hervidero de espías y un refugio seguro para los déspotas derrocados. Cuando Juan Domingo Perón fue derrocado en 1955 y abandonó Argentina, pasó el comienzo de su exilio en Colón, ciudad portuaria de Panamá. Allí, en el venerable Hotel Washington, el viudo Perón (Evita había fallecido tres años antes) conoció a su futura esposa, Isabelita, una joven bailarina que estaba de gira con un número de club nocturno argentino. Y en 1979 Torrijos dejó que el moribundo Sha de Persia se refugiara en la isla turística de Contadora.

En Panamá conocí a José de Jesús Martínez, llamado Chuchu, marxista, matemático y escritor. Había sido ayudante personal de Torrijos y amigo íntimo de Graham Greene. De hecho, aparece en *Descubriendo al General*, un libro de recuerdos que escribió Greene sobre Panamá. Un amigo estadounidense y yo fuimos de copas con Chuchu, este se emborrachó hasta rozar el delirio, nos acusó de ser agentes de la CIA y nos llamó de todo. Cuando volvimos a verlo, no recordaba aquel arrebato. El propio Manuel Noriega parece un malo de cómic. Recuerdo haber oído una anécdota, en principio procedente del aeropuerto internacional de Panamá; parece que todos los días, durante varias semanas, llegaron de Colombia ataúdes vacíos con el nombre de Noriega. Por lo visto, Noriega había traicionado a sus cómplices del cártel de Medellín y los cómplices le daban a entender que estaba sentenciado.

Noriega acabó yendo demasiado lejos cuando, en 1985, se produjo el escandaloso asesinato de Hugo Spadafora, joven y apuesto médico y un revolucionario que había combatido el colonialismo portugués en Guinea-Bissau, con la guerrilla de Amílcar Cabral; había sido subsecretario de Sanidad con Torrijos y había dejado el cargo para ponerse al frente de una brigada de voluntarios en la rebelión sandinista contra Somoza. Cuando los sandinistas tomaron el poder, Spadafora rompió con ellos y se unió a las fuerzas del disidente Edén Pastora, en la selva del este de Nicaragua. Pero Spadafora no dejaba de pensar en Panamá. Volví a verlo poco antes de su muerte, en Costa Rica; me dijo que había presentado una denuncia contra Noriega por sus relaciones con el tráfico de cocaína y otras actividades delictivas. (Habían circulado rumores parecidos durante un tiempo, pero Noriega estaba entonces en buenas relaciones con Washington, e incluso se afirmaba —acertadamente, como luego se supo— que figuraba en la nómina de la CIA. Hacía solo unos meses lo habían invitado a dar una conferencia en Harvard).

Un mes después de nuestro encuentro, Spadafora tomó un autobús para volver a Panamá y fue detenido en la frontera por dos policías militares. Lo apalearon, acuchillaron y sodomizaron, al parecer con una escoba; luego, uno de los verdugos se sentó sobre su pecho y con un cuchillo de carnicero le fue cortando la cabeza poco a poco. Su hermano Winston, abogado y actual ministro del Interior de Mireya Moscoso, me enseñó una serie de fotos —que revolvían el estómago— del cadáver decapitado. Lo habían encontrado en una saca de correos de Estados Unidos. Circularon muchos rumores, entre ellos una versión criolla de Blancanieves: el feo de Noriega había mandado matar a Spadafora por maldad pura, pero se había quedado con la cabeza porque quería ponerse su bella cara como una máscara.

Dos años después de la muerte de Spadafora, el jefe de Estado Mayor de Noriega anunció que este, efectivamente, había ordenado el asesinato. La revelación despertó protestas diarias en Panamá, sobre todo entre la clase media alta que iba en BMW. Durante un tiempo, las manifestaciones de coches y bocinazos que se organizaban a la hora del almuerzo en el distrito financiero de la capital parecían incluso curiosamente festivas. Hasta que los doberman de Noriega, matones vestidos de negro, empezaron a apalear a la gente. Noriega quiso cubrir la campaña contra él con una apariencia de conflicto de clase y con personal de los barrios más pobres organizó grupos de justicieros armados con palos —los llamados Batallones de la Dignidad—, que también intervenían en las refriegas.

Vi de cerca a Noriega en una discreta ceremonia en honor de Torrijos que se celebró en Fort Amador. Se presentó sin avisar, rodeado de altos guardaespaldas mulatos, y nadie supo qué hacer. Fue como si Darth Vader hubiera estropeado una excursión infantil. Tras un largo e incómodo silencio, alguien gritó con voz tensa: «¡Viva el general!», y se oyó un breve aplauso que se apagó inmediatamente. Un hombre se levantó y pronunció un discurso fuera de lugar, comparando torpemente a Noriega con el heroico Torrijos. Los esfuerzos por vincular a los dos hombres sublevaban a los torrijistas a machamartillo, pero pusieron de manifiesto la importancia que tenía para Noriega aquella forma de reconocimiento. Luego se quedó a la expectativa, vaso en mano, mientras los asistentes hacían cola para saludarlo. Tenía la cara profundamente picada de viruela, su pelo era rizado, negro y corto, la nariz grande y los labios carnosos. Tenía los ojos tan separados que parecía mirar a la gente de soslayo, como los tiburones. Me las arreglé para irme sin estrecharle la mano.

En diciembre de 1989, a raíz de la muerte de un soldado estadounidense a manos de soldados panameños en un control de carretera, el presidente Bush ordenó la invasión; en la operación murieron veintitrés soldados estadounidenses y centenares de panameños. Los norteamericanos rodearon las oficinas del nuncio papal, donde se había refugiado Noriega, y lo bombardearon con música roquera hasta que, diez días más tarde, se rindió. Las fuerzas defensivas de Panamá fueron disueltas y sustituidas por una policía paramilitar mucho menos numerosa.

Poco después de que enviaran a Noriega a Miami, hice un viaje a la selva del Darién panameño para recorrer la ruta del conquistador español Vasco Núñez de Balboa, que cruzó el istmo en 1513. Casi cinco siglos después, el Darién seguía siendo un lugar atrasado y remoto, habitado por los kuna, los emberá y los wounaan, por un creciente número de colonos, ávidos de tierras, dispuestos a deforestarlas, unos cuantos soldados aislados en puestos militares y grupos itinerantes de guerrilleros colombianos y traficantes de drogas. Por increíble que parezca, la selva había derrotado a los constructores de la Carretera Panamericana, que va de Alaska a la Tierra del Fuego. Saliendo de Ciudad de Panamá hacia el este, el firme de asfalto se transforma en camino de tierra (de barro en la estación lluviosa) y desaparece cuando llega a la verde muralla del Darién, que se extiende hacia el sur hasta rebasar la frontera de Colombia.

Para equiparme fui al mercadillo de objetos robados que hay en un embarcadero de la fétida bahía próxima al Palacio de las Garzas, un auténtico tesoro en lo que se refiere a artículos militares estadounidenses: botas, cantimploras, hamacas, ponchos, incluso uniformes; y me puse a regatear. Completado el equipo, volé a Tubualá, un islote caribeño atestado de chabolas que se alza ante la costa de la provincia de Darién, y pregunté por Cahuide, un viejo jefe de los kuna, con objeto de pedirle permiso para atravesar la tierra de la tribu. Tras un largo, ritual y hamacado parlamento con los demás ancianos en la casa de las asambleas del islote, Cahuide me dio el visto bueno y mandó llamar a unos cuantos jóvenes para que hicieran de porteadores. El que parecía mayor, un hombre musculoso de unos treinta años, se llamaba Prudencia. Tenía cara indígena y parecía haberse cortado el negro pelo a la taza. «Yo iré con usted —me dijo sonriendo—. Yo también soy un aventurero». Me contó que había estado en Ciudad de Panamá y en Barranquilla, el puerto colombiano, y también en la penitenciaría federal de Birmingham, Alabama. Esta última dirección era sin duda el plato fuerte de su andariego currículo. Se había embarcado en Barranquilla para trabajar en un carguero colombiano con rumbo a Estados Unidos, pero en el golfo de México había sido abordado por agentes de la Guardia Costera estadounidense, que habían descubierto que el cargamento era de marihuana. Prudencio fue detenido y encarcelado, con los demás tripulantes. Lo dejaron en libertad sin cargos a los doce días y volvió a la patria en avión, el primero al que subía. Prudencio sonreía con orgullo al contar la anécdota y lo contraté en aquel mismo instante.

El viaje por la selva del Darién consistía en partir de la tierra de los kuna y llegar a la de los emberá, que viven en el lado pacífico del istmo. Después de pasar una semana subiendo montañas y navegando por varios ríos impulsándonos con una vara, tropezamos con unos colombianos. Eran inmigrantes ilegales de rostro correoso, intrusos que se habían instalado recientemente y empezaban a despejar el bosque cerca de las aldeas indias. Dos días después vimos el tramo de tierra de la Carretera Panamericana. Allí descansamos, entre bosques llenos de humo —había más colonos pobres quemando maleza para sembrar—, en un pueblo con un aeródromo y un destacamento de marines estadounidenses que había relevado a la guarnición de la Guardia Nacional local. Al parecer, el aeródromo se utilizaba para enviar cocaína colombiana a Estados Unidos y los marines estaban allí para investigar e impedir que hubiera más narcovuelos. Proseguimos viaje y subimos a la cima de una montaña desde la que habría tenido que verse el océano Pacífico, pero desde la que apenas se divisaba la costa, a causa de las humaredas.

Durante un tiempo, la selva virgen de Darién ha sido considerada un oportuno parachoques para aislar Panamá de Colombia y su caudal de delincuentes violentos, guerrilleros, droga y hordas potenciales de refugiados pobres. En realidad, los guerrilleros colombianos llevan decenios cruzando la zona y acercándose al sector panameño de la frontera para descansar y recuperarse, para comprar provisiones o para recoger armas. No pasaba nada mientras se dejaran ver poco y no hubiera muertos, pero la actividad guerrillera y paramilitar en Colombia ha aumentado y estrechado sus vínculos con el narcotráfico, las bases estadounidenses se están cerrando, todo ha cambiado y la seguridad del Darién se ha vuelto tema de alta prioridad. Al otro lado de la frontera, en la región colombiana de Urabá, miles de civiles sospechosos de mantener contactos con la guerrilla han sido asesinados por las fuerzas paramilitares del derechista Carlos Castaño, un señor de la guerra que afirma que va a empezar a matar policías panameños porque permiten que los guerrilleros se refugien en Panamá. Los hombres de Castaño ya han hecho varias incursiones más allá de la frontera y ha habido muertos, aunque en términos generales se ha tratado de colombianos que mataban a otros colombianos. Aun así, ha habido ataques contra la policía panameña, que ha librado algunas batallas y ha sufrido serias derrotas. En consecuencia, la policía se ha retirado de las aldeas más cercanas a la frontera y ha cedido una franja de cuarenta kilómetros de suelo panameño a las facciones colombianas en conflicto.

Dos semanas después de acceder a la presidencia, Mireya Moscoso visitó el Darién y prometió reforzar el actual contingente de policías destacados allí (mil trescientos hombres con armas ligeras), pero la idea de que la presencia de estas unidades asuste a los experimentados pistoleros colombianos es francamente ridícula y deja a Mireya a merced de las presiones tendentes a que continúe la presencia protectora de Estados Unidos en Panamá. En octubre, un comerciante acusado de vender comida a los guerrilleros fue asesinado por pistoleros colombianos de Castaño, es de suponer; otro comerciante fue secuestrado; y el 2 de noviembre, un grupo de colombianos disfrazados de turistas protagonizó una atrevida operación a la luz del día y secuestró dos helicópteros comerciales durante una excursión a las islas de San Blas. Ataron a los pilotos y a los demás pasajeros, los dejaron en un islote y los secuestradores desaparecieron con los aparatos, rumbo a Colombia.

Muchos oficiales panameños y estadounidenses esperaban que la base aérea de Howard siguiera en manos de Estados Unidos como cuartel general de las operaciones antidroga de la región, sobre todo porque Estados Unidos realizaba ya más de dos mil vuelos de vigilancia al año desde Howard. Pero los estadounidenses no quisieron pagar por utilizar una base construida por ellos y no hubo acuerdo. Howard fue entregada a Panamá el primero de noviembre. Un compungido oficial estadounidense me dijo: «No se habría roto el acuerdo si hubiéramos tenido más mentalidad comercial y hubiéramos ofrecido a Panamá algún dinero».

Otro tema delicado es la indefinida situación de la munición sin explotar —UXO en jerga militar inglesa— que los estadounidenses han ido dejando después de entrenarse con fuego real durante decenios en las selvas de la Zona del canal. El Pentágono afirma que ha limpiado casi toda la región afectada (exceptuando un área de treinta kilómetros cuadrados de monte y selva que al parecer es prácticamente inaccesible), pero Panamá insiste en que hay que dejar completamente limpio todo su territorio. Si esto significa peinar incesantemente la selva en busca de bombas sin estallar, será inevitable que en el futuro inmediato haya especialistas militares norteamericanos en Panamá. Mireya repite en público que la época de las bases estadounidenses en Panamá se ha terminado, pero ha habido indicios de que podría llegarse a algún acuerdo para que los norteamericanos tengan «acceso» a los aeródromos panameños, y además corren rumores sobre un acuerdo defensivo. Mireya, mientras tanto, dice que está meditando una propuesta estadounidense para que Panamá disponga de un contingente de la Guardia Nacional que llevaría a cabo programas de «acción civil» en zonas rurales: construir carreteras, escuelas y hospitales. Como ha dicho recientemente en Washington el subsecretario de Asuntos Exteriores panameño, Harmodio Arias:

«Panamá espera que no cambie la relación especial que hemos tenido siempre con Estados Unidos. Nos consideramos socios de Estados Unidos y esperamos que Estados Unidos piense igual».

Las afirmaciones de Carlos Castaño sobre la complicidad de policías panameños y guerrilleros para pasar drogas y armas de contrabando podrían ser falsas, pero por desgracia son verosímiles. Las apropiaciones ilícitas, el nepotismo, el tráfico de influencias y el soborno han formado parte de la política panameña durante mucho tiempo y en términos generales se cree que casi todos los presidentes del pasado han metido la mano en las arcas mientras ejercían el cargo. «Este lugar funciona según reglas especiales —me dijo un rico empresario panameño—. Aquí no se ven las cosas como se verían en España o en Estados Unidos. Desde fuera se ven de un modo diferente de como se ven aquí. El blanqueo de dinero, el tráfico de armas, las drogas y lo demás, todo eso a la gente le trae sin cuidado. No le importa. Al contrario, quiere entrar en eso».

Mireya heredó los grandes cafetales de Arnulfo Arias y es una mujer rica que en principio no necesita más dinero. Desde que asumió la presidencia, ha abierto investigaciones para aclarar varias privatizaciones dudosas y ciertas concesiones de obras públicas impulsadas por su predecesor, Ernesto Pérez Balladares. Este privatizó muchos servicios públicos, por ejemplo las telecomunicaciones y las compañías eléctricas, dos puertos y una serie de valiosas propiedades de las «áreas nacionalizadas» de la antigua Zona del canal estadounidense. Como varios amigos suyos se enriquecieron con algunas de estas transacciones, el celo de Pérez Balladares en fomentarlas despertó sospechas.

La campaña oficial para promover las inversiones privadas en la antigua Zona ha estado durante los últimos cinco años en manos de Nicolás Ardito Barletta. Sesentón elegante y de voz amable, Barletta es doctor en economía por la Universidad de Chicago y ha sido vicepresidente del Banco Mundial. En 1984 empañó su reputación, por lo demás intachable, cuando pasó a ser presidente durante el régimen de Noriega, después de unas elecciones que todos pensaban que iba a ganar Arnulfo Arias, que había vuelto a Panamá al firmarse el Tratado del Canal. Noriega obligó a Barletta a dimitir, pero el presidente Pérez Balladares lo resucitó en 1995 y lo nombró director de la ARI, Autoridad de la Región Interoceánica, un organismo creado para administrar el «desarrollo comercial» de las propiedades de la antigua Zona del canal. Los puertos de los extremos del canal se han cedido ya a Hutchinson Whampoa, una compañía de transportes con sede en Hong Kong que pujó más alto que Bechtel. Para los conservadores de Washington como Trent Lott esta operación forma parte de una conspiración sino-comunista para apoderarse del canal, hipótesis harto improbable, dado el carácter multinacional de los inversores. Diversas compañías de transportes taiwanesas y estadounidenses cuentan con importantes terminales o instalaciones portuarias cerca del canal, y un numeroso grupo de estadounidenses, exempleados del canal, ha comprado todo un sector residencial de la antigua base aérea Albrook. Kansas City Southern Railways ha adquirido el derecho de explotación de la histórica línea de vía estrecha que fue construida por inversores estadounidenses en 1840-1850 y que va de costa a costa en sentido paralelo al canal. La antigua e infame Escuela de las Américas, donde los mandos estadounidenses instruyeron a miles de soldados y policías latinoamericanos en técnicas antisubversivas, se está transformando en un hotel de lujo de la cadena española Sol Meliá.

«Lo que queremos es ser un poco Singapur y un poco Róterdam», me dijo Nicolás Barletta cuando le pregunté cómo veía el futuro de Panamá. Era evidente que se trataba de su fórmula favorita. Pero cuando le pregunté por las noticias de prensa que decían que Mobil Oil había pagado más de dos millones y medio de dólares en concepto de «honorarios de asesoría» a tres intermediarios panameños —uno de los cuales estaba relacionado con el presidente Pérez Balladares—, para asegurarse una concesión de la ARI, me miró con cara ofendida y me garantizó que él no sabía nada sobre los intermediarios nombrados para ese acuerdo y que ignoraba por qué se habían mezclado en aquello. Prosiguió diciendo que él no estaba corrompido, que nunca había sido acusado de corrupción y que le preocupaba demasiado su buena reputación y la de sus hijos. Empezaba a sentir un poco de compasión por aquel hombre, pero entonces me presentó a dos individuos que según él eran «importantes inversores españoles», y no pude menos que preguntarme por el criterio de Barletta.

Los dos españoles eran el señor Rosillo, un sujeto gordo, impetuoso y vestido con una chillona chaqueta dorada, y el señor Pujol, bajo, enjuto y de más discreta vestimenta. Barletta los trataba como a auténticas personalidades y había puesto a su disposición un helicóptero para que vieran las propiedades disponibles. Los españoles se sentían claramente incómodos por mi presencia y Barletta abrevió nuestro encuentro. Luego me explicó que el señor Rosillo era un rico empresario hispanoestadounidense, un financiero internacional al que le entusiasmaba la idea de invertir en Panamá. El señor Pujol era una «figura de relieve» en el mundo español de la construcción y solía trabajar con Rosillo en «proyectos internacionales a gran escala». No tardé en saber que los dos, que en realidad eran catalanes, se habían sentido nerviosos mientras yo había estado presente. Resultó que el señor Pujol era Josep Pujol, hijo de Jordi Pujol, presidente del gobierno autonómico de Cataluña y personaje influyente en la política española. El señor Rosillo, el amigo y socio de Pujol, era ni más ni menos que Juan Manuel Rosillo, o John Rosillo, a la sazón en libertad bajo fianza y en espera de sentencia por un fraude fiscal multimillonario relacionado con la propiedad inmobiliaria, cometido en España años antes. Poco después de verlo yo en Panamá, la Audiencia de Barcelona lo condenó a seis años y medio de prisión, pero apeló y lo último que supe fue que aún seguía en libertad.

Mireya desprecia a Nicolás Ardito Barletta, entre otras cosas porque derrotó a su difunto marido en la carrera por la presidencia de Panamá en unas elecciones presuntamente amañadas. Ha dicho en público que «por el bien de Panamá» Barletta debería «tener un poco de dignidad» y dimitir voluntariamente, pero Barletta ha dicho que nones y la presidenta no tiene autoridad para destituirlo. Mireya ha declarado la guerra a casi todos los funcionarios del gobierno anterior. Su antecesor, Pérez Balladares, no estuvo en la ceremonia de investidura del 1 de septiembre, por despecho, porque durante todo el verano había estado cruzando improperios con Mireya por algunas medidas inútiles tomadas por él. Entre estas medidas figuraba la fundación de una nueva sala del Tribunal Supremo, que, según Mireya, era un ardid para protegerse personalmente de cualquier posible investigación criminal que se hiciera sobre él en el futuro. Además indultó a treinta y cuatro condenados, entre ellos varios narcotraficantes y sicarios. En agosto, la exjefa de información de Pérez Balladares, una joven llamada Samantha Smith, confesó que, por orden suya, había concedido visados especiales a ciento cuarenta inmigrantes chinos, sabiendo que probablemente utilizaban Panamá de trampolín para entrar ilegalmente en Estados Unidos. Smith dijo que cuando preguntó por qué se regalaban aquellos visados, Pérez Balladares respondió: «Ya están apalabrados; tiene usted que extenderlos. Tengo mis obligaciones. ¿Qué voy a hacer con mis acreedores? Hay gastos que necesito cubrir». Pérez Balladares ha replicado que las imputaciones de Smith forman parte de «una conspiración para dañar al país» y su «imagen personal».

Mireya ha suprimido la nueva sala del Tribunal Supremo, ha revocado algunos indultos de Pérez Balladares y ha ordenado que se investigue a las personas a las que nombró para la Comisión del Canal y la administración pública, y algunas de sus privatizaciones. Por un decreto especial, recortó el sueldo de su secretaria privada, que antes cobraba tres mil quinientos dólares al mes y ahora cobrará setecientos cincuenta, y limitó su seguridad personal a ocho guardaespaldas. También suprimió los fondos presupuestados para una fundación protectora de las artes que dirige la anterior Primera Dama. Parece que con estas medidas, y tras haber arremetido durante su campaña presidencial contra la corrupción oficial y el nepotismo, Mireya está haciendo cosas prácticas al respecto. Claro que también podría tratarse de una limpieza general por venganza. En los niveles más altos del Gobierno, Mireya está rodeada por figuras públicas muy conocidas y respetadas. Pero también tiene socios discutibles. En Panamá hay muy pocos políticos en condiciones de tirar la primera piedra.

Solicité a un antiguo consejero de Noriega, una persona a la que también Mireya ha hecho consultas, que me concertase un encuentro con el exiliado Jorge Serrano Elías, expresidente de Guatemala. Serrano, su mujer, su hija y sus tres nietos ya mayores viven en Panamá desde 1993, año en que fue derrocado por querer atribuirse poderes dictatoriales. Pertenece a la última hornada de exiliados políticos que se han afincado en Panamá, al igual que el exdictador haitiano Raoul Cedrás y el destituido presidente ecuatoriano Jaime Abdalá Bucaram, alias el Loco. Conocí a Serrano en las oficinas de la promotora de una lujosa propiedad y un club de polo que está construyendo en las afueras de Ciudad de Panamá. Llevaba un Rolex de oro en la muñeca y dos caras plumas de oro asomaban en el bolsillo de su camisa. Parecía deseoso de desahogarse con un extraño, con un no panameño. «Aquí solo existe el dinero —dijo en son de queja—. En las fiestas y los acontecimientos sociales solo se habla de los billetes», y a él todo aquello le resultaba «aburrido». Prosiguió con algo de amargura: «He hecho aquí algunos amigos, pero casi todos son amigos mientras crean que pueden sacarme dinero».

El interés pecuniario que manifiestan por Serrano sus anfitriones panameños es hasta cierto punto comprensible, dado que es un empresario riquísimo y ha sido acusado por el gobierno guatemalteco de haber robado durante su mandato decenas de millones de dólares de los «fondos reservados» del presidente. Serrano decía que aquellas acusaciones eran «mentiras ridículas», urdidas por sus enemigos políticos, y me recordó que era un constructor próspero mucho antes de ser presidente de Guatemala. Añadió intencionadamente que los dos últimos presidentes de Panamá habían creído en él, puesto que se habían negado a extraditarlo. No obstante, admite que cometió algunos errores. «En una cosa me equivoqué —dijo—. Fue un error haber dado un golpe político. Debería haber dado primero un golpe militar y luego negociar el golpe político».

Pregunté a Juan Carlos Navarro, actual alcalde de Ciudad de Panamá, por lo que pensaba de la tradición de conceder asilo a los exiliados políticos como Serrano. Navarro es un treintañero bajo, bien parecido, que estudió en Dartmouth y Harvard. Es rico y él y su mujer viven en una casa colonial bellamente restaurada del sector más distinguido del casco viejo de la capital, no lejos del Palacio de las Garzas. Desde su terraza superior se ve la bahía a un lado y al otro la permanente cola de buques que aguardan para entrar por la boca pacífica del canal. Su elegante biblioteca de madera noble está atestada de libros sobre política estadounidense, entre ellos *Colores primarios, Behind the Oval Office* de Dick Morris y biografías recientes de J.F.K y Nixon. Navarro tiene ambiciones políticas y es bien sabido que aspira a ser el próximo presidente del país. «Eso no me preocupa», respondió cuando le pregunté por el asilo que se daba a figuras políticas de conducta dudosa. Añadió: «Siempre he pensado que Panamá era una especie de Suiza». Cuando le repliqué que la imagen de Panamá que se tenía en el extranjero se parecía más a la de Casablanca o Tánger, arrugó el entrecejo. «Traen dinero, invierten aquí. ¿Qué hay de malo en eso?». «Pero ¿y si un Radovan Karadzic o el siguiente doctor Mengele piden asilo en Panamá?», le pregunté. Navarro se encogió de hombros. «Tampoco habría problema. Yo lo entiendo como una especie de servicio que Panamá ofrece a la comunidad internacional. Bien puede creer el mundo que Panamá es el refugio que no falla [...] y si viven aquí tranquilamente, bienvenidos».

A punto de finalizar el siglo de presencia estadounidense, la inminente «independencia» de Panamá ha generado ya decepciones. La lucha por la soberanía y la dignidad nacional que dio a Torrijos su categoría histórica y que incluso prestó a la pelea de Noriega con Bush cierto olorcillo a metas superiores, aunque torcidas, ha desaparecido por completo. Estuve presente cuando el embajador de Estados Unidos, Simón Ferro, habló ante un amplio público de empresarios panameños y estadounidenses. Ferro, cubano de nacimiento y hombre de aspecto juvenil, dijo: «Estados Unidos no se retira de Panamá. Antes bien, estamos reconfigurando las relaciones. En el siglo que viene, Panamá y Estados Unidos seguirán siendo amigos y socios. Lo que cambiará, eso creo, es que el sector privado tendrá más prioridad en nuestra agenda bilateral».

En realidad, el canal panameño sigue siendo una especie de caballo de Troya yanqui. El tratado de 1977 contiene una cláusula que permite a Estados Unidos intervenir militarmente para proteger «el canal internacional» de cualquier amenaza armada, y es muy improbable que Estados Unidos renuncie del todo a tener presencia militar allí. Tampoco es eso lo que quieren muchos panameños. «Aquí hay mucho miedo a que se vayan los gringos —decía Pedro Rognoni, hoy empresario y ministro durante el régimen de Torrijos—. Lo mejor que puede suceder es que los gringos se vayan, y todos lo vean, y que luego regresen. Y creo que eso es lo que ocurrirá».

«¿Qué es lo que quiere aquí Estados Unidos? —me dijo un militar norteamericano—. Quiere estabilidad, para poder hacer negocios. Aparte de eso, los panameños nos traen completamente sin cuidado. Deberían importarnos, pero no nos importan, la verdad es que no».

Descubriendo al General

A los amigos de mi amigo
Omar Torrijos en Nicaragua,
El Salvador y Panamá

«*Me voy, pero retorno.*
Quisiera ser el piloto de las
tinieblas y el ensueño»
ALFRED, LORD TENNYSON

Preámbulo

I

C uando en agosto de 1981 tenía preparada ya la maleta, dispuesto a emprender mi quinto viaje a Panamá, me dieron por teléfono la noticia de la muerte del general Omar Torrijos Herrera, mi amigo y anfitrión. La avioneta en la que volaba hacia una casa que poseía en Coclesito, en las montañas de Panamá, se había estrellado y no había supervivientes. Pocos días después, la voz de su jefe de seguridad, el sargento Chuchu, alias de José de Jesús Martínez, exprofesor de Filosofía Marxista en la Universidad de Panamá, profesor de Matemáticas y poeta, me aseguraba:

—Había una bomba en la avioneta. *Sé* que había una bomba en la avioneta pero por teléfono no puedo decirte por qué.

En aquel momento se me ocurrió la idea de escribir un breve recordatorio personal basado en los diarios que había ido redactando durante los últimos cinco años, a modo de tributo a un hombre que, durante ese tiempo, había aprendido a querer. Pero, tan pronto como hube escrito las primeras líneas, a renglón seguido del título *Descubriendo al General* comprendí que, durante esos cinco años, no solo había llegado a conocer al general sino también a Chuchu, uno de los pocos hombres de la Guardia Nacional que gozaba de la confianza absoluta del general y, asimismo, a aquel pequeño país, pintoresco y hermoso, dividido en dos por el Canal y la Zona Americana, un país que, gracias al General, había alcanzado una importante práctica en la lucha por la liberación que tiene lugar en Nicaragua y El Salvador.

II

Cuando escribía los párrafos finales de este libro, un amigo me preguntó:

—Me gustaría saber a qué se debe ese interés que siempre has mostrado por España e Hispanoamérica. *El poder y la gloria* tiene lugar en México, *Viajes con mi tía*, en Paraguay. En Cuba *Nuestro hombre en La Habana* y Argentina en *El cónsul honorario*. Visitaste al presidente Allende en Chile, y acabas de publicar *Monseñor Quijote*...

Se trataba de una pregunta sumamente difícil, porque la respuesta residía en la caverna abismal del inconsciente. Mi interés databa de mucho antes de mi visita a México en 1938, cuyo objetivo era informar sobre las persecuciones que allí tenían lugar. La segunda novela que me fue publicada y que apareció en 1934, *Rumour at Nightfall*, tenía como fondo las guerras carlistas, aun cuando en la época en que la escribí había pasado solo un día en España, a los dieciséis años. Por entonces visité La Coruña navegando en un barco de líneas regulares que hizo escala en Vigo en su travesía a Lisboa. Iba acompañando a tía Eva, que se dirigía a Lisboa. Pensaba reunirse con su marido, que regresaba de Brasil, donde poseía una compañía cafetera. Una vez en Vigo propuse a mi tía visitar la tumba del general Sir John Moore, con quien nos unían lejanos lazos familiares, muerto durante la famosa retirada frente a los franceses hasta La Coruña, donde fue enterrado «con el mayor de los secretos en el profundo silencio de la noche, con nuestras bayonetas removiendo la tierra», inmortalizado por el único poema del que se tiene recuerdo de un sacerdote irlandés, el padre Charles Wolfe. Transcurrieron casi sesenta años antes de que volviera a visitar la tumba en la que están grabadas esas líneas, y ya en mi mente la idea de *Monseñor Quijote*.

Rumour at Nightfall era una novela muy mala que jamás quisiera ver publicada de nuevo, pero mi interés por escribir sobre cosas españolas se remontaba aún más lejos.

—Existe una novela —le dije a mi amigo— que empecé a escribir a raíz de abandonar Oxford y para la que, afortunadamente, jamás encontré un editor que la publicara. Se titulaba *The Episode*. Estaba leyendo la única obra de Carlyle que jamás fui capaz de terminar, la vida de un supuesto poeta fracasado de nombre John Sterling, quien, siendo aún muy joven, se vio mezclado con refugiados carlistas en Londres. Tengo aquí, en mi estantería, la primera edición. La encontré en Chichester hará unos doce años y pagué por ella diez chelines, pero nunca la he vuelto a leer. Cogí el libro, editado en 1851, y lo abrí por el Índice de Materias. Y entonces leí: «Primera Parte. Capítulo Octavo. Torrijos». El nombre de Torrijos destacaba en la página, semejante a una señal del más allá.

Empecé a leer de nuevo todo cuanto se refería a aquellos infortunados españoles con los que se había visto envuelto Sterling y mi joven héroe imaginario. «Figuras majestuosas y trágicas, orgullosos pese a sus harapos. Recorriendo, en su mayoría con gesto hermético, las anchas aceras de Euston Square y los alrededores de la nueva iglesia de San Pancracio». Seguí leyendo: «El jefe reconocido de todos aquellos pobres exiliados españoles era el general Torrijos, hombre de alto linaje y fortuna, todavía en su plenitud física, y que en aquellas circunstancias desesperadas se negaba a dejarse abatir por la desesperanza».

El general Torrijos que yo había aprendido a querer había muerto en la plenitud de su vida y yo había estado cerca de él en las circunstancias desesperadas que había tenido que sufrir, las difíciles etapas de las interminables negociaciones con los Estados Unidos sobre el Tratado del Canal de Panamá y el decepcionante resultado. También él se había negado a sucumbir a la desesperanza e incluso llegó a considerar seriamente la posibilidad de un enfrentamiento armado entre su minúsculo país y la gran potencia ocupante de la Zona.

Pero ¿por qué ese interés mío a lo largo de tantos años por España e Hispanoamérica?, seguía insistiendo mi amigo. Tal vez la pregunta resida en el hecho de que, en esos países, la política rara vez significa una mera alternativa de partidos políticos rivales, sino que siempre ha sido una cuestión de vida o muerte.

III

En 1976 yo tenía escasos conocimientos sobre la historia antigua de Panamá. Al independizarse de España a principios del siglo XIX, Panamá optó por unir su suerte a la de Colombia, que por entonces era bastante más grande de lo que es ahora. En el siglo XX la República de Panamá se convirtió en algo totalmente distinto. Fue la creación personal de Theodore Roosevelt, quien estaba resuelto a que, bajo la protección y la propiedad virtual de los Estados Unidos, llegara a hacerse realidad el sueño de Lesseps de un canal que uniera los océanos Atlántico y Pacífico, empresa que, al cabo de diez años de trabajos, había resultado un desastre financiero. En la época del fracaso de Lesseps, Panamá era todavía una provincia de Colombia, separada de ella, como aún sigue estándolo, por montañas y la selva, sin carretera alguna que las una. El objetivo de los Estados Unidos fue lograr que Panamá se convirtiera en un estado supuestamente independiente, ya que las negociaciones con Colombia sobre los derechos del Canal se prolongaban de manera indefinida, llegando finalmente a un punto muerto.

En consecuencia, el 13 de junio de 1903 el *New York World* publicó, con la aquiescencia de la Casa Blanca, un extraordinario comunicado anunciando una rebelión que aún no había tenido lugar.

En esta ciudad se ha recibido información de que el Estado de Panamá, que abarca toda la Zona del Canal, está dispuesto a independizarse de Colombia y a firmar con los Estados Unidos un Tratado sobre el Canal.

En el caso de que el congreso colombiano no ratifique el Tratado sobre el Canal, el Estado de Panamá se declarará independiente, estableciéndose un gobierno republicano. Se dice que es un plan de fácil ejecución considerando que en el Estado de Panamá solo hay destacado un centenar de soldados colombianos.

Desde luego pudo ser llevado a cabo con toda facilidad, con el resultado de que Panamá quedó sometida al gobierno personal de la familia Arias y de la oligarquía relacionada con ella, situación que perduró durante más de medio siglo en beneficio, de manera casi absoluta, de los Estados Unidos.

Finalmente la rebelión, si así puede llamarse, fue organizada por un ingeniero francés, Busau-Varilla, un rezagado de la fracasada empresa de Lesseps. Con la ayuda del doctor Amador, que pertenecía a la compañía del ferrocarril de construcción americana para unir el Atlántico con el Pacífico, esta circunstancia fue clave en todo aquel asunto porque, cuando Colombia se dio cuenta de lo que se tramaba, envió a Colón, en el Atlántico, un destacamento de refuerzos compuesto por doscientos hombres. Los directores del ferrocarril, después de hablar con el doctor Amador, alegaron no disponer del material suficiente para el transporte de tantos hombres a Ciudad de Panamá. Todo cuanto podían hacer era poner a disposición del general colombiano Tokar, de sus ayudantes y esposas un tren especial. De aquella manera fueron cómodamente transportados hasta el Pacífico, aislados completamente de sus tropas. Se les dio una calurosa acogida y un almuerzo excelente, siendo escoltados a continuación hasta la prisión.

Las tropas habían desembarcado el 2 de noviembre de 1903 y el 6 del mismo mes los Estados Unidos reconocían a la República Independiente de Panamá. El primer Tratado sobre el Canal, que establecía un arriendo irrisorio basado en el peaje, fue firmado en Washington por el secretario de Estado norteamericano Hay y el francés Busau-Varilla. Consideraron innecesaria la firma de un panameño.

El Tratado, que, de manera intermitente, enturbió las relaciones entre Panamá y Estados Unidos desde 1903 hasta 1977, concedía a perpetuidad a estos autoridad y derechos absolutos sobre la Zona del Canal «tal como si tuvieran soberanía sobre el territorio». Y aun cuando podría decirse que Panamá, mediante ese misterioso «si», conservaba la soberanía nominal, todo panameño que viviera o trabajara en la Zona se encontraba sometido a la ley norteamericana, así como a ser juzgado en los Estados Unidos, y ello hasta la firma del nuevo Tratado en 1977. En muchos puntos era posible entrar en la Zona con solo pasar de una acera a otra de la calle. Pero si quien lo hacía era panameño tenía que andar con extrema cautela porque, de verse implicado en cualquier infracción de circulación en el lado equivocado de la calle, sería juzgado por un tribunal estadounidense de acuerdo con las leyes de los Estados Unidos.

El Canal quedó terminado justo antes de estallar la Primera Guerra Mundial. Se convirtió en deber ineludible de todo presidente panameño formular una protesta contra las condiciones de ese Tratado, que había sido firmado por un francés sin autoridad alguna, en nombre de una autoelegida junta, aunque bajo el gobierno de la familia Arias —Tomás Arias había sido miembro de la junta original— dicha protesta fue pura fórmula y así era considerada por los Estados Unidos. Finalmente fueron las manifestaciones en la calle, y no el Gobierno panameño, las que obtuvieron algunas pequeñas concesiones.

En 1959 y a raíz de graves desórdenes, el presidente Eisenhower aceptó que la bandera panameña ondeara junto a la estadounidense en el punto donde se unían la Zona y el Estado Libre de Panamá. Como consecuencia de manifestaciones hostiles se habían colocado alambradas a lo largo de parte de la Zona. Luego, en 1961, el presidente Kennedy se mostró de acuerdo en que la bandera panameña ondeara en la Zona allí donde se encontrara izada la estadounidense. En los hospitales, en las oficinas de la Zona y en las esclusas del canal. Durante más de medio siglo de negociaciones solo se había conseguido esa mínima concesión al orgullo nacional, y aun así las autoridades de los Estados Unidos restaron importancia a esa victoria al ordenar que en las escuelas de la Zona no ondeara bandera alguna.

Pero un día de 1984 los alumnos de una escuela de secundaria estadounidense izaron la bandera de la Unión y doscientos panameños entraron en la Zona para hacer ondear junto a ella, según lo acordado, su propia bandera. En la reyerta posterior destrozaron la bandera panameña. Entonces fue cuando los panameños hicieron patente ante su propio y pacífico gobierno toda la violencia de que eran capaces. Derribaron la cerca fronteriza, asaltaron la estación de ferrocarril de Ciudad de Panamá, enclavada dentro de la Zona, entraron a saco en los comercios y los desórdenes se extendieron por todo el país hasta Colón, en el Atlántico. Lanzaron a la calle a las fuerzas de la Infantería de Marina y en los tres días de lucha que siguieron murieron dieciocho panameños, en su mayoría del barrio pobre de El Chorillo, donde sería rebautizada la calle principal de Ciudad de Panamá con el nombre de Avenida de los Mártires. La Guardia Nacional no tomó parte alguna en todo ello, pues habían sido acuarteladas las tropas.

Podía decirse que el pueblo panameño había logrado una especie de victoria. Un año después el presidente Johnson anunció que sería abolido el viejo Tratado y que se iniciarían negociaciones para el establecimiento de uno nuevo y más justo. Pero once años después, en 1976, cuando por vez primera fui invitado a visitar Panamá, aún proseguían las negociaciones. Sin embargo, los líderes de Panamá habían cambiado. En 1968 dos jóvenes coroneles de la Guardia Nacional, Torrijos y Martínez, habían embarcado al presidente Arias en un avión con destino a Miami, tomando el poder. Al año siguiente, el derechista coronel Martínez se vio conducido de forma similar hasta un avión en dirección a Miami. El coronel Torrijos se había puesto al frente de la Guardia Nacional y nada volvería a ser ya como antes.

Primera Parte (1976)

I

En el invierno de 1976, estando yo en Antibes, recibí un telegrama de Panamá firmado por un tal señor V., nombre queme era totalmente desconocido, que me dejó sorprendido y desconcertado. Se me comunicaba que el general Omar Torrijos Herrera me había invitado, en calidad de huésped, a visitar Panamá, y que me sería enviado un boleto de avión de la compañía aérea que yo eligiese.

Hasta hoy desconozco el motivo que pudo impulsar al General a enviar dicha invitación, pero no vacilé un solo instante en aceptarla. Me había olvidado completamente de aquel general Torrijos que tan cerca estuvo de comprometer a John Sterling en una peligrosa empresa, pero sí sabía que Panamá había rondado con persistencia mi imaginación, aún más que España. De niño había presenciado una espectacular obra de teatro escrita por Stephen Phillips en la que podía verse a Drake, en el gran escenario de Drury Lañe, atacando un cargamento arrastrado con gran realismo por una recua de mulas, a su paso por la ruta del oro desde Ciudad de Panamá hasta Nombre de Dios. Y me sabía de memoria gran parte del poema, bastante mediocre, *Drake's Drum*[1] de Newbolt:

> Drake está en su hamaca a mil millas de distancia
> (¿está durmiendo ahí abajo, capitán?),
> meciéndose en las profundidades de la Bahía Nombre de Dios...

¿Qué podía importar que el poema de Newbolt fuera inexacto y que el cuerpo de Drake se hundiera en el mar en la Bahía de Portobelo, a solo unas millas de Nombre de Dios?

---

[1] El tambor de Drake.

Para un chiquillo la atracción de la piratería se situaba en Panamá y en la historia de cómo Sir Henry Morgan atacó y destruyó Ciudad de Panamá. Y ya con más años leí sobre el desastroso asentamiento escocés en la linde de las densas selvas de Darién, que aún hoy día siguen siendo en su mayor parte intransitables e inmutables.

Cierto día, en la ciudad de David, observé que un agente de seguridad negro llevaba inscrito en la camisa el nombre de Drake.

Divertido, le pregunté:

—¿Es acaso descendiente de Sir Francis Drake?

—Tal vez, señor —repuso con ancha sonrisa complacida.

Y entonces le recité parte del poema de Newbolt.

En aquel momento me dije:

—Al fin lo he logrado. Realmente me encuentro aquí, en Panamá.

Para entonces ya había comprobado que la ruta del oro casi había desaparecido y pronto visitaría Nombre de Dios, que ya no era más que una aldea india sin acceso alguno, siquiera en mula. Pero yo me encontraba extrañamente familiarizado con aquel pequeño y lejano país de mis sueños, como nunca me había sentido antes en ningún otro país de América Latina. Al cabo de un año, parecía absolutamente natural que viajara a Washington con pasaporte diplomático panameño, como miembro acreditado de la delegación panameña para la firma del Tratado sobre el Canal con los Estados Unidos. Una de las grandes cualidades del general Torrijos era su sentido del humor.

II

Después de enviar mi respuesta consulté con mi amigo Bernard Diederich, a quien conociera en Haití y la República Dominicana. Por entonces era corresponsal del *Times* en Centroamérica. En su contestación me advirtió que tuviera cuidado con el señor V., quien era al parecer uno de los consejeros del General, y me propuso trasladarse desde México D.F., donde vivía con su mujer haitiana y sus hijos, para reunirse conmigo en Panamá.

Decidí volar desde Ámsterdam directamente a Panamá, con el fin de evitar el trasbordo de aviones en los Estados Unidos, donde solía tener dificultades con mi visado. Entonces no podía siquiera imaginar hasta qué punto me familiarizaría con aquella larga ruta de más de quince horas: desde Ámsterdam a Ciudad de Panamá con tres escalas.

Por vez primera en muchos años desde que quedé sobresaturado de viajes por aire a África, Malasia y Vietnam, sentí de nuevo la sensación de aventura. ¿Por qué si no habría tomado notas triviales en un diario desde el momento de mi llegada a Ámsterdam?

Yo conocía bastante bien la ciudad desde 1946, cuando solía ir allí, en mi papel de editor, a comprar papel inglés que había sido exportado desde Inglaterra, donde estaba racionado. Necesitábamos urgentemente ese papel para publicar nuestros *bestsellers*, la Biblia y las novelas de cierta dama inglesa, Mrs. Parkinson Keyes, cuyos libros me parecían absolutamente ilegibles. Por aquellos días, pagaba las cuentas de mi hotel, al menos en gran parte, con cigarrillos que pasaba al barman del Hotel Amstel. Menudeaban las cenas suculentas y bebía ginebra Bols en abundancia con los impresores y sus esposas. Pronto descubrí que el gesto más amistoso consistía en dar una palmada en el trasero a mi anfitriona cuando tomaba asiento.

El aeropuerto Schiphol es, sin discusión, uno de los más confortables del mundo. En el vestíbulo de entrada hay prácticamente un sofá para cada pasajero, y tres joyerías (una de las cuales se anuncia en japonés) contribuyen al ambiente de ocio y lujo. Gracias al general Torrijos me encontraba viajando en primera clase, gozando así del privilegio de instalarme en el salón Van Gogh, con sus cómodos butacones y el abundante y bien servido bufé. Llegué incluso a disfrutar con las varias horas de espera, y cuando al fin subí a bordo del avión me sentía excepcionalmente feliz, sobre todo teniendo en cuenta que prefiero la Bols a cualquier otra ginebra.

—¿Bols reserva o normal? —me preguntó una azafata tan pronto como hubimos despegado.

—¿Cuál es la mejor?

—No lo sé, pero mi padre, que tiene más o menos su edad, prefiere la normal.

Probé las dos y no pude por menos de sentirme en desacuerdo con su padre. Así que me mantuve fiel a la vieja Bols durante todo el vuelo hasta Panamá.

Me sentía cada vez más excitado y embargado por una impresión de diversión y aventura que jamás sintiera cuando volaba hacia la guerra francesa en Vietnam, a la Emergencia de Malasia, a la rebelión del Mau Mau en Kenia o a la colonia de leprosos en el Congo. Aquellos fueron días muy difíciles, este viaje no lo era. Me daba la sensación de una aventura más bien cómica, inspirada por la invitación de alguien a quien no conocía en absoluto, y que me había caído como llovida del cielo.

Es fácil sentir miedo, pero la sensación de diversión no es frecuente cuando empieza a apuntar la vejez, de manera que ya me sentía terriblemente agradecido al general Omar Torrijos. Como más tarde supe, su título en Panamá era el de Jefe de la Revolución y era el auténtico gobernante del país. Por lo que me fue posible deducir durante mi primer viaje, el único privilegio de que disfrutaba el presidente era una plaza de estacionamiento reservada para su coche en el Hotel Panamá.

Sin embargo, aquella sensación de diversión se esfumó a la llegada. Dos forasteros muy corteses me recibieron en el aeropuerto y me dijeron que el dudoso señor V. estaría uno o dos días en Nueva York, pero que su coche estaba a mi disposición. Me condujeron al Hotel Panamá, que ahora desafortunadamente ha cambiado el nombre por el de Hilton, y me abandonaron en un dormitorio de dieciocho metros de largo, distancia que me dediqué a recorrer una y otra vez. Diederich no había acudido a recibirme y me sentía muy solo, ya que mi vocabulario español era demasiado reducido para poder comunicarme. Hacía ya casi cuarenta años que en México había sido capaz, al cabo de veinte lecciones en la Berlitz, de manejar el presente, pero tanto el futuro como el pasado escapaban a mi capacidad. Y ahora casi tenía ya olvidado hasta el presente. Empezaba a sentir cierta timidez frente a aquel misterioso general que era mi anfitrión y me sentía más bien estúpido en aquella inmensa habitación.

Retrasé mi reloj y, como en Panamá era la hora del desayuno y yo había almorzado ya en el avión, intenté dormir. Me despertó el chofer del señor V. Como no hablaba palabra de inglés, le dije, mostrándole los números en mi reloj, que volviera a las 2:30, hora de Panamá. En el aeropuerto me habían informado que Diederich llegaría procedente de México a la una. El chofer apareció puntual a las 2:30, pero Diederich seguía sin aparecer. Dije a aquel hombre que volviera al día siguiente a las diez. Me sentía abatido. Se había esfumado toda sensación de aventura y en cuanto a diversión... Empecé a aborrecer aquella descomunal habitación.

A las 3:30 bajé al salón y pedí lo que creí que sería un ponche de ron, bajo el lento girar de las paletas de un ventilador, pero lo que me sirvieron no tenía ni gota de alcohol. En la costa del Pacífico de Panamá no acostumbran a beber ponches de ron y, de cualquier forma, más adelante descubrí que no había utilizado el nombre adecuado. Solo el *ponche plantador* contiene algo más fuerte que un simple aroma. A las cuatro seguía sin haber rastro de Diederich e intenté en vano dormir. ¿Por qué habría dejado mi casa y mis amigos en Antibes para trasladarme a Panamá, donde las horas avanzaban con tanta lentitud, aunque ya retrocedían?

Alrededor de las cinco cambió completamente el panorama y las cosas mejoraron. Llegó Diederich. Había pasado más de diez años desde que recorriéramos juntos la ruta fronteriza (solo en los mapas aparecía aquello como carretera internacional), entre el Haití de Papa Doc y la República Dominicana, que yo necesitaba conocer para poder acabar mi novela *The Comedians*. Juntos también visitamos a los guerrilleros haitianos alojados en un manicomio abandonado que les cediera el gobierno dominicano.

Los años no habían hecho mella en Diederich. Bebimos whisky y chismorreamos, aunque tampoco él pudo arrojar luz alguna sobre el motivo que indujera al General a invitarme, pero al menos contribuyó a hacer menor mi ignorancia. Me dijo que el señor V. era un antiguo colaborador de Arias y que no se fiaba de él. Cuando los dos jóvenes coroneles de la Guardia Nacional acabaron con casi medio siglo de gobierno de la familia Arias, embarcando al presidente en un avión con destino a Miami, el señor V. se había quedado en Panamá. Incluso, una vez que el derechista coronel Martínez fuera enviado al mismo «Valle de los Caídos», el señor V. sobrevivió. Había, desde luego, más supervivientes. Al parecer Torrijos no era hombre capaz de hacer una limpieza a fondo. Carecía de trabas ideológicas. Había un periodista, por ejemplo, frente al que convenía mostrar una extrema cautela ya que era otro de los hombres de Arias. Diederich me dio una perfecta semblanza física del individuo: bajo y fornido, de temperamento bonachón que reía por cualquier motivo. Así pude reconocerle al día siguiente cuando apareció tal como era de esperar.

La charla derivó hacia la situación política.

—¿Qué tal andan las negociaciones sobre la devolución de la Zona del Canal?

—Bueno, siguen a paso de tortuga. El General empieza a impacientarse y lo mismo le ocurre a los estadounidenses de la Zona.

El cabecilla de los agitadores americanos, un policía llamado Drummond, aseguró que habían volado su coche con una bomba y durante tres noches encabezó una manifestación en contra de cualquier negociación.

Sonó el teléfono. Era uno de los dos individuos que acudieran a recibirme al aeropuerto. Me dijo que el General tenía intención de visitar al día siguiente cierto lugar en el interior del país. ¿Me gustaría acompañarle? Le pregunté si podría llevar conmigo a mi amigo Diederich. Era evidente que quien me hablaba conocía el nombre y pareció mostrarse dubitativo, como si desconfiara del corresponsal del *Time*. No obstante dijo que lo preguntaría. Minutos después telefoneó de nuevo. «El señor Greene es nuestro invitado. Puede traer a quien quiera», había dicho el General. Un coche vendría a recogernos a las diez de la mañana siguiente.

III

Al día siguiente se produjo un ligero malentendido. Un chofer llegó al hotel a las diez en punto preguntando por el señor Greene. Diederich y yo nos fuimos con él. Al cabo de diez minutos empezó a parecerme sospechosa la ruta que seguíamos, sin saber en realidad por qué. Y estaba en lo cierto. Nos habíamos equivocado de coche y yo no era el Mr. Greene que buscaban. Al parecer nos dirigíamos hacia una nueva mina de cobre enclavada en el interior. De vuelta al hotel, subimos al verdadero coche, con el chofer verdadero, y digo verdadero porque se convirtió en mi guía, filósofo y amigo, y aún sigue siéndolo. El profesor José de Jesús de Martínez, mejor conocido en todo Panamá como Chuchu, era sargento de la guardia de seguridad del General. Era poeta y lingüista. Hablaba inglés, francés y alemán tan bien como el español. Pero entonces, para nosotros, no era más que un sargento desconocido que nos conducía hasta una casa en los alrededores. En parte por motivos de seguridad, el General prefería estar en ella antes que en su propia casa, junto con su gran amigo Rory González. González era el director de la mina de cobre, que muchos años atrás hizo amistad con el joven teniente Torrijos, de la Guardia Nacional, tierra adentro.

Era una casa pequeña e insignificante, que solo se distinguía de cualquiera de las otras por el número de hombres con uniforme de camuflaje concentrados en la entrada, así como por una pequeña pista de cemento en lugar de jardín, más pequeña que una de tenis, donde podía aterrizar un helicóptero. Nos hicieron entrar en la casa y después de pasar junto a un perro de porcelana de tamaño natural, nos sentamos a esperar a nuestro anfitrión. Un periquito saltaba en silencio, de un lado a otro de su jaula. Parecía que midiera el tiempo como un ingenioso reloj suizo.

Finalmente dos hombres se reunieron con nosotros. Vestían batines y calzones. Uno de ellos iba descalzo y el otro calzaba tenis. Yo no sabía cuál de ellos era el General. Ambos eran cuarentones, pero uno de ellos era rechoncho con un rostro juvenil y tranquilo que, pensé, se mantendría inmutable durante toda una vida. El otro, el que iba descalzo, era enjuto y bien parecido, con un mechón de pelo cayéndole sobre la frente y mirada escrutadora. En aquel primer encuentro esa mirada revelaba una especie de cautela, incluso de suspicacia, como si tuviera la impresión de que se enfrentaba con una nueva especie de la raza humana. Acerté al llegar a la conclusión de que se trataba del General.

Durante los cuatro años siguientes llegué a conocer bien aquellos ojos. Solían expresar un humor casi exacerbado, afecto, un pensamiento insondable y, por encima de cualquier otro talante, una sensación de estar predestinado a la muerte. Por eso, cuando estaba en Francia con las maletas ya preparadas para otro viaje a Panamá y me llegó la noticia de su muerte en accidente de aviación —¿accidente?, ¿bomba?—, no fue sobresalto lo que sentí, sino la tristeza durante tanto tiempo precursora de lo que a mi juicio sería un final inevitable. Y recuerdo que cuando le pregunté en cierta ocasión cuál era su sueño más frecuente, me repuso sin la menor vacilación: «La muerte».

Durante un rato mantuvimos una conversación intrascendente, con Chuchu de intérprete, una conversación cortés y cauta en la que, pese a todo, se revelaron algunos hechos. El General era, como yo, hijo de un maestro de escuela, y a los diecisiete años se fugó de su casa para estudiar en una academia militar de El Salvador. Tal vez estaba haciendo su autorretrato para el forastero al que había invitado audazmente a su país, por motivos que quizá se estuviera preguntando en aquel mismo instante. Y lo hacía como si fuera tan solo un hombre de acción, lo que distaba mucho de la realidad. Mirándome de soslayo lanzó un ataque contra los intelectuales.

—Los intelectuales son como el cristal, ese hermoso cristal que puede quebrarse solo con el sonido —observó.

Logré que sonriera por primera vez al decirle que posiblemente él eludió convertirse en un intelectual al salir corriendo a tiempo de la escuela.

Luego pasamos al tema del Caribe. Parecía estar al corriente de mis visitas a Cuba, Haití, La Martinica, St. Kitts, Granada, Barbados, la República Dominicana. ¿A qué se debía mi interés?, preguntó.

Le dije que, en cierto modo, mi interés era de origen familiar, y le conté la historia de mi abuelo y mi tío abuelo. De cómo a la edad de quince años enviaron a mi abuelo a reunirse con su hermano para ayudarle en la administración de la plantación familiar de azúcar en St. Kitts, de cómo a los pocos meses de su llegada su hermano murió de fiebre amarilla, a los diecinueve años, dejando tras de sí, según se decía, trece hijos.

Fue como si hubiera abierto la espita de la confianza del General. Se relajó visiblemente. Nadie con semejante tío abuelo podía ser un intelectual.

Proseguí diciendo que mi abuelo, después de regresar a casa en Bedfordshire, jamás pudo olvidar los recuerdos de St. Kitts y que, finalmente, ya viejo, dejó a su mujer e hijos para volver y morir allí. Describí las dos tumbas, una junto a otra, que yo había visitado y la iglesia, que asemejaba a una vieja parroquia inglesa.

Acaso el General pensaba en mi historia cuando horas más tarde, al anochecer, hizo unas observaciones sobre su propio país.

—Cuando en el cementerio de un pueblo vea la hierba sin cortar, es que se trata de un mal pueblo. Si no se ocupan de los muertos tampoco se ocuparán de los vivos.

Creo que aquello fue a lo más que llegó en declaraciones sobre la religión, a menos que tengamos en cuenta la revelación que me hizo dos años después, sobre un sueño que había tenido.

—Soñé que veía a mi padre al otro lado de la calle. Le grité: «¿Cómo es la muerte, padre?», y él se dispuso a cruzar la calle, pese a la circulación. Le grité para advertirle y entonces me desperté.

En realidad, la atmósfera en general había sufrido un cambio. Cuando dije al General que el chofer del señor V. no sabía hablar inglés, en seguida destinó a Chuchu para que me sirviera de guía.

—Él lo llevará adonde quiera. Olvídese del señor V.

Y así, durante los cuatro años siguientes, Chuchu se encontraba siempre en el aeropuerto para recibirme y, desde luego, fuimos literalmente donde quise, bien fuera en Panamá, Belice, Nicaragua, Costa Rica, aun cuando para esos viajes se requiriera un avión, un helicóptero o un coche.

Sin embargo, aquella mañana la elección fue de Torrijos. Quería pasar unas horas en Contadora, una de las islas del Archipiélago de las Perlas, donde más adelante sería retenido el Sha de Irán durante una especie de arresto domiciliario, bajo la custodia de Chuchu, antes de que fuera enviado a Egipto, donde murió. En el aeropuerto hubimos de esperar mientras ponían a punto el avión del General, y dos chiquillos insistieron en jugar con Torrijos. Más adelante pude observar que sentía una rara atracción por los niños. Se disponían a viajar, acompañados de su madre en un vuelo de las líneas regulares, pero Torrijos los invitó a unirse a nosotros, acaso porque se trataba de una joven muy bonita.

En el hotel donde habíamos de almorzar con el General, este nos dejó para acudir a una cita que yo sospeché amorosa, aunque tal vez me equivocara. Después de comer hicimos un recorrido de la isla, que, en su mayor parte, era todavía selva virgen y, finalmente, Torrijos se reunió con nosotros. Parecía en extremo relajado y me pareció descubrir en su rostro, con un margen razonable de certeza, «los trazos del deseo satisfecho». Ya no se mostraba a la defensiva frente a los intelectuales. Incluso expresó su admiración por las novelas de García Márquez y por los poemas de cierto bardo romántico español que Chuchu en cambio consideraba de escasa categoría.

En aquel momento se acercó a nosotros una bella turista colombiana y habló con él, diciéndole que era cantante. Tuvo el mismo efecto sobre él que un vaso de su whisky favorito, que como más adelante descubrí era Johnnie Walker, Etiqueta Negra. Así que no me tomó por sorpresa cuando, días después, me dijo que había volado con su avión a Colombia para una cita con ella en el aeropuerto de Bogotá.

Una vez que la colombiana se fue, se acercó un niño y metió en el bolsillo del General una tarjeta de visita de su padre, pidiéndole a cambio una suya. El General lo hizo así, al igual que permitió a un periodista gordo, en quien reconocí, por la descripción de Diederich, al superviviente sospechoso de la época de Arias, que se uniera a nosotros. Pude ver el gesto de desagrado de Chuchu, pero el General siguió hablando con toda libertad de las negociaciones de los Estados Unidos como si no estuviera presente un espía potencial.

—Si los franceses hubieran construido el Canal, como estaba proyectado, De Gaulle lo hubiera devuelto —dijo—. Si Carter no reanuda pronto las negociaciones, habrá que tomar medidas. 1977 es el límite para terminar con nuestra paciencia y sus excusas.

Hablaba como si Panamá y los Estados Unidos pudieran tratar de igual a igual y, a su manera, así lo creía.

El General tenía un buen motivo para impacientarse. Se refirió a los desórdenes de 1964, cuando la Guardia Nacional permaneció en sus cuarteles y dejaron las cosas en manos de los estudiantes. El joven oficial Torrijos contempló la pasividad de la Guardia con una sensación de vergüenza.

—Es importante que el secretario de Estado de Carter sea Vanee. Se encontraba en Ciudad de Panamá cuando empezaron los alborotos y tuvimos que sacarlo a escondidas de su hotel, en la Zona, de manera que sabe muy bien lo que pueden ser unos disturbios en Panamá. Estaba terriblemente asustado.

Tras una pausa añadió:

—Si los estudiantes irrumpen de nuevo en la Zona, solo tengo dos alternativas: aniquilarlos o dirigirlos. Jamás los aniquilaré.

Luego hizo una afirmación que le gustaba repetir:

—No me interesa entrar en la Historia. Lo que quiero es entrar en la Zona del Canal.

Y en efecto entró, aun cuando las condiciones no fueran tan satisfactorias como había esperado y es posible que pagara con su vida por ese éxito.

Nos mostramos en exceso inclinados a considerar en conjunto a los generales de Centro y Sudamérica. Torrijos era un lobo solitario. En su lucha diplomática con Estados Unidos no tenía el apoyo de Videla de Argentina, Pinochet de Chile o Banzer de Bolivia, los generales dictadores que se mantenían en el poder con ayuda de Estados Unidos, y que solo permanecían porque, a juicio de los estadounidenses, personificaban el anticomunismo. Torrijos no era comunista, pero sí amigo y admirador de Tito y estaba en buenas relaciones personales con Fidel Castro. Este lo abastecía de excelentes puros habanos, en cuyas vitolas iba impreso su nombre, y le recomendaba prudencia, que él seguía con reticencia. Su país se había convertido en un paraíso seguro para refugiados de Argentina, Nicaragua y El Salvador. El sueño de Torrijos, como habría de averiguar en los años que siguieron, era una Centroamérica socialdemócrata que, sin implicar una amenaza para Estados Unidos, fuera totalmente independiente. No obstante, cuanto más se acercaba a ese objetivo, más cerca estaba también de la muerte.

Aquella soleada tarde en Contadora, después de su cita en el hotel, se sentía feliz y despreocupado en su conversación. Solo más adelante creí vislumbrar la premonición de muerte en sus ojos, muerte que no solo fue el fin de su sueño de un socialismo moderado sino también, quizá, la extinción de cualquier esperanza de una paz razonable en Centroamérica.

Era allí, en la isla de Contadora, donde las negociaciones con los Estados Unidos se habían ido desarrollando con exasperante lentitud durante años. Una vez más estaba a punto de llegar una delegación para reanudar las conversaciones, encabezada como era habitual por el viejo Mr. Elsworth Bunker, antiguo embajador en Vietnam del Sur. Pasarían una semana en esa placentera isla turística, donde ya se había convertido en hábito celebrar los parlamentos, y luego se volverían a casa hasta el año próximo: no se esperaba gran cosa de ellos. Gloria Emerson, en su admirable libro sobre Vietnam, decía de Bunker: «Durante siete años jamás dejó de apoyar e intensificar la política americana en Vietnam. En los términos más amables se le consideraba un hombre desagradable, frío y obstinado. Entre los vietnamitas se le conocía como el Refrigerador».

IV

Al día siguiente, Diederich y yo cogimos el tren que enlaza Ciudad de Panamá con Colón, en la costa Atlántica. El ferrocarril fue construido en los cuarenta, durante la fiebre del oro hacia California. Su construcción costó miles de vidas.

Ambas estaciones terminales estaban situadas en la Zona americana, y el ferrocarril tenía un atractivo nostálgico, parecía pertenecer a un inocente pasado americano. Los funcionarios se tocaban con sombreros de ala ancha que podrían haber sido de la época de la Guerra Civil. Durante el mesurado avance de un tren a vapor a través de la Zona, desde el Pacífico al Atlántico, pudimos vislumbrar lagos y selva, con la impresión de que retrocedíamos en el tiempo. Por un breve período revivimos la sosegada época de Victoria, y al abandonar la estación de Cristóbal y tan solo cruzando la calle, dejamos atrás la Zona entrando de nuevo en la República por Colón, y seguimos en el siglo XIX, andando bajo las hermosas balconadas de las casas de madera que los franceses construyeran en la época de Lesseps. Habían degenerado en barrios bajos sin perder su belleza.

Nos habíamos citado con Chuchu para almorzar en el Washington Hotel, porque queríamos regresar en coche atravesando la Zona, donde todavía existe un pequeño trecho de la vieja ruta del oro. Diederich necesitaba película y nos detuvimos en una tienda de artículos fotográficos. Allí preguntamos por el camino para llegar al hotel.

—No tienen más que seguir recto hasta el final de la calle —nos dijeron.

Era una calle muy larga y desierta. Tan solo alguna solitaria y perezosa silueta quebraba la soledad por alguna esquina. Habríamos caminado apenas unos centenares de metros cuando nos topamos con un grupo de policías panameños, de pie junto a una camioneta policial. Uno de ellos nos preguntó en tono perentorio.

—¿Adónde van?

Me disponía a responder tajante, pero afortunadamente Diederich se me adelantó.

—Al Washington Hotel —dijo.

—Suban a la camioneta.

Un policía se sentó junto a nosotros. Tuve la impresión de que nos habían detenido, pero ¿por qué? Descendimos por la larga calle.

—¿Adónde vamos? —pregunté.

—Al Washington Hotel ¿no?

Solo entonces el policía dio explicaciones.

—No debería exhibir la cámara de esa manera —dijo a Diede-rich—. Esta calle está apestada de ladrones. Van armados con na-vajas y permanecen al acecho de turistas con cámaras fotográficas. Posiblemente no habrían llegado al hotel.

—¿Por qué no nos advirtieron en la tienda donde compramos la película?

—Bueno, probablemente esperarían obtener de los ladrones la cámara muy barata. Esta semana hemos tenido que matar a uno o dos de ellos.

Tuve la impresión de que, al igual que el secretario de Estado Vanee, estábamos aprendiendo algo sobre Panamá, aun cuando yo estuviera ya advertido por el mejor y más franco de los libros guía, *The South American Handbook*: «Una auténtica amenaza, tanto en Colón como en Cristóbal, son los asaltos, incluso a ple-na luz del día».

El Washington Hotel mira hacia el Atlántico, con la belleza clásica de su época. Fue construido en 1913, el año en el que se terminó el Canal Americano, aunque todavía no fue inaugurado entonces. No pude evitar sentirme algo avergonzado al bajar ante sus puertas de una camioneta de policía, pero pronto se me pasó, con la ayuda de un excelente ponche del plantador, ya que ahora nos encontrábamos en el lado caribeño de Panamá en compañía de Chuchu.

Durante el almuerzo supimos algo más sobre el pasado de Chuchu. En 1968, cuando se produjo el golpe de Estado, empezó a tener la sensación de que, como profesor de Filosofía marxista tal vez corriera cierto peligro, de modo que se fue a Francia, y obtuvo en la Sorbonne una licenciatura en Matemáticas. Al lle-garle la noticia de que el colega fascista de Torrijos había sido embarcado en un avión con destino a Miami, regresó a Panamá. De todas formas ya no lo aceptaron como profesor marxista sino que, en su lugar, lo nombraron profesor de matemáticas. En una ocasión posterior me mostró un breve libro que había publicado bajo el título *The Theory of Insinity*.[2]

—¿Qué diablos es *insinia*? —le pregunté.

---

[2] *Theory of Insinity*: Teoría de la insinia.

—Bueno, verás. Había perdido uno de los dientes delanteros y cuando estaba dando clases me di cuenta de que decía *insinia*.

Pero ¿cómo había llegado a sargento en el servicio de seguridad del general?

Las sólidas facciones maya se iluminaron de placer con el recuerdo. Nos había confesado con regocijada satisfacción que en un cincuenta por ciento era indio maya, un treinta por ciento español, diez por ciento negro y el diez por ciento restante una especie de mezcla. Dijo que siempre le había interesado la fotografía y que, en cierta ocasión, fue una noche a visitar el campamento de los Wild Pigs,[3] una fuerza especialmente formada por Torrijos para la lucha de guerrilla en la selva y las montañas, porque quería tomarles algunas fotografías. A las cinco de la madrugada lo despertó el pateo de los nuevos reclutas, que, de forma ensordecedora, vociferaban un canto desafiante contra los Estados Unidos. Nadie había escrito aquella canción. La iba improvisando cada nuevo destacamento para acompañar el ritmo de los pies. El tema era el siguiente:

Recuerdo aquel 9 de enero cuando mataron a mi gente, estudiantes armados solo con piedras y palos. Pero ahora soy un hombre y llevo un arma. Da la orden, mi general, y entraremos en la Zona, los arrojaremos al agua, donde los tiburones podrán comer mucho yanqui, mucho yanqui.

Los botaron
De Vietnam
Los tenemos
Ahora en Cuba.
Dales, Cuba,
Dales duro,
Panamá
Dales, Cuba,
Venezuela,
Dales duro,
Puerto Rico,
Dales duro.

---

[3] «Cerdos salvajes».

53

Tenía grabada la canción en un casette que nos hizo escuchar. Lo exaltó de tal forma la canción que fue a hablar con el oficial que estaba al mando y le dijo que quería unirse a los Wild Pigs. El oficial le contestó que era demasiado viejo para soportar el duro entrenamiento, pero dio la casualidad de que aquella misma mañana el General había acudido a visitar el campamento desde la casa que tenía cerca, en Farallón, en la costa del Pacífico. El oficial le dijo al General, en broma, que allí había un profesor que quería alistarse. El General habló con Chuchu «en forma muy desconsiderada» y luego dio la orden al oficial: «Deje que el viejo loco lo intente».

Así lo hizo, y superó la dureza del entrenamiento. Quisieron hacerlo oficial pero él se negó, así que el General lo nombró sargento en su servicio de seguridad, prestando servicio una vez terminado el curso en la Universidad. Pronto comprobaría la gran confianza que el General tenía en él, confianza que no depositaba en su jefe de Personal, coronel Flores. El General sentía un gran respeto por la literatura, influido probablemente por el hecho de que Chuchu fuera poeta, además de matemático y profesor. Torrijos llegó incluso a dar autorización a Chuchu para retirar fondos de su cuenta, de modo que sin implicar abiertamente al General, estaba en situación de ayudar a más de un refugiado que había escapado de Somoza en Nicaragua, de Videla en Argentina o de Pinochet en Chile.

Chuchu seguía fiel al marxismo, pero su principal fidelidad era siempre para Torrijos, pese a la fe del General en la socialdemocracia, que a Chuchu debía de parecerle una taza de té muy tibio. Aquel año, en cierta ocasión en que los tres estábamos reunidos y surgió la eterna cuestión de las negociaciones sobre el Canal, Chuchu interrumpió vehemente:

—Yo lo que quiero es un enfrentamiento, no un tratado —y luego miró nervioso al General, que se encontraba tumbado en su hamaca, como si de pronto hubiese recordado que vestía uniforme y que en la bocamanga solo llevaba galones de sargento. El General replicó con calma:

—Soy de tu misma opinión.

Porque la socialdemocracia del General jamás fue tibia. Desde luego, era un sueño. Si lo quieren, un sueño romántico.

V

Existe un carisma que surge de la esperanza, de una esperanza de victoria frente a la adversidad. Castro y Churchill son dos ejemplos patentes. Torrijos era absolutamente ajeno a su propio carisma, radicalmente distinto. El carisma de la casi desesperanza. Tener tan solo cuarenta y ocho años y sentir que el tiempo se escapa, no con la acción, sino con la prudencia. Estar instaurando un nuevo sistema de Gobierno, ir bordeando lentamente en dirección a la socialdemocracia, recurriendo a medios que exigían una paciencia infinita, cuando en sus viajes no tenía paciencia siquiera para tomar una canoa o esperar a encontrar un puente sobre un río, sino que solía arrojarse al agua y nadar. Vivir día a día con el problema del Canal, soñando, como soldado, en un enfrentamiento violento y verse obligado a actuar con aquella condenada agotadora paciencia que le aconsejara Fidel Castro... En verdad no resultaba fácil. En cierta ocasión me dijo:

—Y yo que pensaba que cuando tuviera el poder sería libre...

En el transcurso de los cuatro años siguientes, con frecuencia me pregunté si tendría tiempo para instaurar su socialdemocracia. Creo que en Inglaterra nos encontramos preparados, más de lo que lo estuvimos nunca, a admitir otras formas de democracia, incluso bajo un jefe de Estado militar, diferente de nuestra democracia parlamentaria, que ha funcionado a plena satisfacción durante unos doscientos años, en las circunstancias especiales de esos doscientos años. Panamá ha desarrollado ya una forma muy distinta de democracia.

En la Asamblea de la República de Panamá había quinientos cinco representantes elegidos por votos regionales. Un candidato necesitaba al menos veinticinco cartas de respaldo para poder presentarse a las elecciones. Los representantes electos se reunían solamente una vez al año, durante un mes, en la capital, para informar sobre sus regiones y votar las leyes. El resto del año habían de pasarlo con sus electores y sus problemas. (Para ellos no existía «la cirugía» de fin de semana al estilo inglés. Por mi parte, tenía la impresión de que era posible un mayor movimiento de representantes que entre nuestros miembros del Parlamento). Durante el año, una Junta Legisladora formada por unos quince miembros recorría las regiones, discutiendo con los representantes las leyes que habrían de votarse en la Asamblea. Los representantes podían ser de cualquier signo político, pero cada uno de ellos había de representar específicamente a su región y no a su partido.

A los ministros los nombraba el jefe del Estado. Torrijos sonrió al decirle yo que un hombre puede elegir a sus enemigos pero no a sus amigos, porque entre sus ministros había cierto número de reaccionarios, nombrados por motivos tácticos. El General, al igual que los miembros de su Consejo Legislativo, estaba constantemente en movimiento, escuchando las quejas, llevando consigo al ministro al que concerniera dar respuesta al pueblo. El sistema podía dar excelentes resultados en Panamá, un país pequeño. Se encontraba más cerca del ágora ateniense que de la democracia de nuestra Cámara de los Comunes, y no por ello había que menospreciarlos. Quizá se alejó un paso de la auténtica democracia cuando, después de la firma del Tratado y para satisfacer a los Estados Unidos, el General creó su propio partido para luchar contra las elecciones parlamentarias al viejo estilo, con etiquetas viejas: Conservadores, Liberales, Socialistas, Comunistas.

Cuando volvimos de Colón asistí a una asamblea típica entre electores y representantes en El Chorillo, uno de los barrios más pobres de Ciudad de Panamá. El representante de El Chorillo habló durante un lapso de tiempo inusitado y las quejas de los electores abarcaron incluso detalles mínimos como el pésimo comportamiento del encargado de los baños locales. Podía advertirse el aburrimiento del General por la forma en que hacía girar el puro en la boca, uno de aquellos magníficos habanos que le enviaba Castro. Pensé en todas las horas pasadas en reuniones semejantes a esa que tendría que soportar mientras recorría el país.

En los muros se adosaban pasquines de propaganda: «Omar tiene su ideal..., liberación total. Ellos aún no han podido lanzar un proyectil capaz de matar un ideal», «El país de la quinta frontera: "El Chorillo - La Avenida de los Mártires"». (Recordé que fue precisamente en El Chorillo, que linda con la Zona del Canal, donde en 1964 dieciocho estudiantes perdieron la vida).

Toda la gente que llenaba el abarrotado salón se sintió satisfecha cuando, finalmente, el representante abandonó la tribuna. La asamblea se animó. Una joven negra, arrastrando a una mujer vieja y silenciosa, empezó a gritar como una danzarina poseída de vudú y se llevó las manos a la cabeza. Nos dijo que esa anciana señora tenía setenta y cinco años, que seguía trabajando para el Gobierno y que no tenía pensión. Los puntos los subrayaban los redobles de tambor de sus partidarios, lo que contribuía a dar a la escena un aspecto más acusado de vudú haitiano. Luego habló un negro con gran dignidad y seguridad en sí mismo: «Tenemos la autoridad moral de quienes trabajan con salarios bajos». Una y otra vez surgía la Zona en las intervenciones: «Estamos esperando entrar, estamos contigo, no tienes más que dar la orden». Y volvieron a oírse los tambores. El General ya no mordía su cigarro.

Surgió una queja importante. Se había construido cierto número de departamentos altos con el inevitable escamoteo de ascensores y ventanales, tal como lo hemos sufrido en Inglaterra y Francia. Los departamentos altos son para los ricos que pueden evadirse acudiendo a teatros, restaurantes y fiestas, no para el pobre condenado a vivir en aislamiento. Además, el precio de esos departamentos excedía los medios económicos de quienes los habitaban, con la consecuencia de endeudarse cada vez más. El General pidió al Ministerio de la Vivienda que contestara a aquello y la explicación no pudo ser peor. Entonces el General ordenó que se le facilitara más información. Una joven habló encolerizada, una mujer sufrió un ataque de histeria, los tambores seguían redoblando.

Las siguientes quejas se refirieron a los servicios sanitarios. El ministro de Sanidad defendió indignado a sus médicos. Produjo mejor impresión que el de la Vivienda. Un joven magistrado exigió mayor seguridad en las calles. Las horas pasaban.

Finalmente el General tomó la palabra, pero no desde la tribuna. Se balanceaba sobre el borde inestable de la plataforma, con un vaso de agua en la mano y una muchedumbre de rostros debajo de él, muy cerca. Desde luego, aquello no ofrecía mucha seguridad. Un oficial de la Guardia Nacional permanecía sentado, inmóvil en la plataforma, mascando chicle como un coronel americano.

El periodista sospechoso que se uniera a nosotros en la isla se abrió camino hasta donde yo me encontraba y le pregunté:

—¿Quién es ese oficial?

—El coronel Flores, el jefe del Estado Mayor. Un hombre muy leal, como su padre lo fuera antes. Él también fue muy leal.

—Pero ¿leal a quién? —me pregunté—. ¿Al presidente Arias?

Era la primera vez que el General asistía a una asamblea en los barrios bajos de El Chorillo, y El Chorillo iba a tener su ocasión para expresarse. Aquellos rostros podrían parecer feroces, fanáticos e iracundos, pero eran cordiales.

—Aquí le conocemos muy bien, General. Le hemos visto pasar en su coche todas las semanas para comprar su billete de lotería.

Hubo risas y los tambores también rieron.

Algún tiempo después corrió el rumor, difundido por alguien que había asistido a la asamblea y que sabía que era falso, de que el General se había emborrachado con vodka, bebida que no solía tomar, y que se había caído de la plataforma. Uno elige a sus enemigos.

Aquella noche cené con Chuchu y con uno de sus refugiados, una mujer argentina que había huido del régimen de Videla para ampararse en la seguridad de Panamá. La cena no fue muy buena, no solía serlo en Panamá. Estábamos junto al Pacífico bajo un cielo estrellado y con una botella de vino chileno. «Tiene que ser anterior a Pinochet, de una cosecha de la época de Allende», dijo Chuchu al camarero. Y yo me sentía feliz y como en casa, solo que mi felicidad estaba algo empañada por la idea de la brevedad de mi estancia. Poco podía imaginarme que volvería otra vez, y otra y otra...

En la tarde del día siguiente asistí a una manifestación muy diferente en la Zona del Canal.

Las largas negociaciones que estaban poniendo a prueba la paciencia de Torrijos parecían no ser lo bastante lentas para satisfacer a los habitantes de la Zona. Para ellos cualquier tipo de negociación era una traición.

Panamá no es el Canal, y la Zona constituye un mundo totalmente aparte de Panamá. Se observa la diferencia nada más entrar en la Zona, porque las casas son pulcras y bien construidas, aunque carentes de toda imaginación y con un césped perfectamente cortado. Parecía haber numerosos campos de golf y uno se daba perfecta cuenta de que un batallón de cortadoras de césped había hecho retroceder la selva.

> Y el viento dirá, aquí había gente decente y descreída.
> Su único monumento, la carretera de asfalto
> y un millar de pelotas de golf perdidas.

Sin embargo no del todo descreídas. En la guía de teléfonos de la Zona conté más de cincuenta iglesias, algunas de ellas de sectas cristianas de las que jamás había oído hablar. Quizás a medida que crecen las sectas disminuye la fe. También en la guía de teléfonos encontré información muy tranquilizadora sobre las medidas a adoptar en caso de un ataque nuclear sin previo aviso.

La primera señal de alerta de un ataque puede ser el destello de una explosión nuclear. Caso de encontrarse en el exterior hay que refugiarse en cualquier edificio, detrás de un muro, en una zanja o un albañal, incluso debajo de un automóvil. Al buscar refugio dentro o debajo de algo en cuestión de segundos, se podrá evitar quemaduras o heridas graves a causa del calor o las oleadas explosivas.

En caso de no disponer de refugio alguno, hay que tumbarse sobre un costado, encogerse y cubrirse la cabeza con los brazos y manos. Jamás deberá mirarse hacia el destello o la bola de fuego.

De encontrarse en el interior de la casa hay que dirigirse a la parte más segura del edificio, que por lo general se encuentra en la zona central, primer piso, protegida por los muros interiores, y permanecer inmóvil.

Tan pronto como haya terminado la explosión hay que trasladarse a un refugio legalmente instalado con el fin de protegerse de la lluvia radiactiva que más tarde caerá.

En la manifestación que tuvo lugar en la Zona se observaba la curiosa carencia de sentido de la realidad.

La manifestación se produjo en un inmenso estadio, enclavado tan solo a unos centenares de metros del salón de El Chorillo en el que hubo redobles de tambor. Al parecer, la figura destacada iba a ser el oficial de policía americano, Mr. Drummond. Él, personalmente, había difundido un escrito basándose en los derechos constitucionales contra el presidente Ford y Kissinger por mantener conversaciones sobre un nuevo tratado, sin obtener antes la aprobación del Congreso. Además su coche había quedado destruido por la explosión de una bomba, o al menos eso aseguraba, en circunstancias misteriosas. Aquello me había dado la impresión de un hombre altamente peligroso cuya vida estaba en peligro, impresión no confirmada por la manifestación. Mr. Drummond tenía las piernas más flacas que yo jamás viera en un hombre, enfundadas en unos ceñidos pantalones color marrón. Cuando se puso de pie para hablar, ciertamente con escasa inspiración, a un público más bien menguado, aunque en extremo respetable, una de las piernas parecía descansar sobre la otra en busca de apoyo o tal vez para cantar como una cigarra.

Aislado por los arcos luminosos, se encontraba apoyado en el centro del estadio por un pequeño grupo de mujeres y hombres que tenían todo el aspecto de un comité elegido para preparar las fiestas de Navidad. Hablaron por turno, devolviendo a El Chorillo sus consignas. Pero sin el respaldo de los redobles del tambor, las voces parecían perderse en el aire nocturno antes de llegar al exiguo público. Tan solo una anciana señora de pelo azulado, semejante a una tía de la Universidad, matizó con cierta energía sus frases —«Dios y la patria...», «Octava maravilla del mundo...», «Abandonamos nuestro país y nuestra vida hogareña...», «No queremos vivir bajo un sistema de gobierno represivo...», «El

Canal no puede funcionar sin una Zona EEUU y leyes EEUU...»,
«La Zona ha de incorporarse a la Unión al igual que las Islas Vír-
genes»—. El público daba vivas ocasionalmente, aunque no con
excesiva frecuencia, por lo general cuando alguno de los oradores
atacaba a un miembro de su propio Gobierno. Se utilizaban los
nombres de pila con carácter peyorativo, como si hubiera habido
traición en la familia. «Gerry» era un traidor. «Henry» era un
traidor. «En 1975 se firmó un acuerdo secreto entre Henry y Torrijos». No encontraban una expresión lo bastante hiriente para
describir al Departamento de Estado, tal vez porque no ostentaba
un nombre cristiano.

Los manifestantes parecían perdidos y solitarios en aquel inmenso estadio, en la noche calurosa y húmeda, e inspiraban
cierta lástima. Casi con toda certeza iban a fallarles Dios y la
Patria como les habían fallado Gerry y Henry. Una joven pidió
a la audiencia que enviara cartas y «recortes» a los miembros del
Congreso. «Puedo facilitarles sus números de teléfono». No resultaba tan impresionante como el negro de El Chorillo. Se habían colocado baldes para recibir contribuciones a fin de impulsar el decreto judicial de Mr. Drummond contra Henry y Gerry,
y se pidió al público que firmara una petición, pero no muchos
lo hicieron.

También esas gentes consideraban 1977 como año clave, pero
a su modo de ver, el enfrentamiento era una simple cuestión de
enviar refuerzos por aire desde Fort Bragg en Carolina del Norte,
para ayudar a los diez mil soldados que ya se encontraban en la
Zona. Se sentían alentados por la escasa agresividad de algunos
de los desórdenes que tuvieron lugar el octubre anterior, y que tal
vez fueron provocados para demostrar a Henry y Gerry que Panamá era ingobernable. Lo que ignoraban era que el General había sido advertido quince días antes de lo que se planeaba, porque
un agente de la CIA se fue de la lengua. En consecuencia, aquel
día ingresaron en prisión cuarenta estudiantes y allí el General les
dio una lección sobre la verdadera naturaleza de los problemas
políticos y económicos. Seguidamente fueron puestos en
libertad.

Al día siguiente mi amigo Diederich volvió a su casa, en México, y Chuchu y yo empezamos a proyectar un viaje juntos al interior de Panamá. Sospechaba que al señor V. le llegarían noticias de nuestro proyecto. Cuando fui a ver al General a casa de Rory González (Torrijos quería conocer mis impresiones sobre la asamblea en El Chorillo y yo se las di con la misma franqueza con que las he escrito, incluso mis dudas respecto a su jefe de Estado Mayor) nuestra conversación fue interrumpida por el señor V., que estaba al teléfono. Quería conocer mis planes de viaje. Me mostré evasivo. Le dije que mis ideas cambiaban de un momento a otro, me gustaba dejarme arrastrar por el viento. Insistió en que cenara con él aquella noche y juntos confeccionaríamos un programa. Un programa era esencial. Naturalmente podía llevarme su coche...

—Dispongo del coche de Chuchu.

—Pero si le han puesto una bomba.

Era verdad. Chuchu me había dicho que el coche había explotado delante de su casa cuando su hijo estaba poniendo en marcha el motor aunque, felizmente, solo el coche había sufrido averías.

—El General le ha dejado uno de los suyos.

A lo largo del viaje pensé en varias ocasiones que el coche del General podía muy bien resultar un objetivo más atrayente.

Le dije al General lo que pasaba y también lo mucho que me desagradaba hacer programas con el señor V. Torrijos estaba de muy buen humor, tal vez porque al día siguiente volaría al aeropuerto de Bogotá para acudir a su cita. En seguida estuvo de acuerdo en que cualquier tipo de programa era detestable. Debería irme con Chuchu adonde quisiera y olvidarme del señor V.

—Cuando él le proponga algo, haga todo lo contrario —dijo.

Chuchu y yo almorzamos en El Marisco. Su propietario, vasco, era amigo suyo y también refugiado, esta vez un refugiado veterano de la época de Franco. Todavía me sentía sediento por el calor y la humedad, y todo cuanto anhelaba era un ponche de ron, pero el vasco ni siquiera sabía lo que era un ponche de ron y, al preguntar a su barman si podía hacer uno, contestó que no porque no tenía leche. ¿Leche?

Más tarde, mientras atravesábamos las calles del viejo Panamá, Chuchu paró el coche para hablar con un negro que se encontraba en la acera.

—Fue uno de mis alumnos cuando era un profesor marxista —me dijo. Y tal vez para demostrar lo bueno que había sido como profesor, preguntó a aquel hombre—: ¿Quién era Aristóteles?

—El primer filósofo venezolano —contestó el negro sin la menor vacilación.

Después de aquello Chuchu condujo durante un rato sumido en pensativo silencio.

Aquella noche cené con el señor V. en un restaurante llamado Sarti's, uno realmente elegante según los cánones panameños, pero la situación resultaba incómoda, agravada por la idea abstemia del barman de lo que debía ser un ponche de ron. Reconocí que Chuchu y yo teníamos la intención de ir por carretera a David, la segunda ciudad más grande en la costa del Pacífico.

—Me reuniré con ustedes en David —dijo el señor V.

—O es posible que vayamos a Taboga. Aún no nos hemos decidido —añadí presuroso.

Taboga es una pequeña isla del Pacífico donde no está permitida la entrada de coches. Me parecía un sitio ideal para trabajar.

—Entonces me reuniré con ustedes allí.

Prosiguió diciendo que le advirtiera con antelación siempre que estuviera citado para entrevistarme con el General. Dijo que quería estar presente a fin de estudiar el desarrollo de nuestra relación y añadió que pensaba facilitar a la prensa algunas fotografías de los dos juntos tomadas en Contadora. Pero a tal respecto me mantuve firme en mi decisión.

—No puede hacer eso. El General ha dicho que no se publicarían hasta que me haya ido.

—Si va a ir a David deberá decir a Chuchu que informe en cada puesto militar en ruta. Quiero estar siempre al tanto de dónde se encuentran.

VII

Mucho de lo ocurrido en Panamá durante los cuatro años siguientes fue tan inesperado como los acontecimientos en un sueño. La República era para mí una tierra desconocida y mi viaje allí fue un viaje de descubrimientos. El primero de ellos fue la Casa Embrujada. Chuchu y yo habíamos atravesado con el coche el Puente de las Américas, donde habíamos visto los barcos alineados esperando su turno para entrar en el Canal y atravesarlo en dirección al Atlántico. Luego cruzamos la Zona americana y entramos de nuevo en Panamá. No había puestos fronterizos separando ambos sectores, pero la Casa Embrujada se encontraba sin duda alguna en Panamá. Nada podía ser menos estadounidense que el bar contiguo, decorado con signos cabalísticos y con un nombre en español: El Embrujo. El barman nos dijo que la casa de al lado estaba deshabitada desde hacía cuarenta años. El propietario de la casa y también del bar era un hombre viejo que vivía en Ciudad de Panamá. No quería vender la casa y tampoco alquilarla. Sí, asintió el barman, los supersticiosos creían que estaba embrujada.

—¿Por un fantasma?

—Por una mujer que da alaridos.

—¿Podríamos echar un vistazo a la casa?

—No hay nada que ver. La casa está completamente vacía y, de cualquier modo, tendríamos que pedir permiso al propietario —nos aseguró el barman.

—¿Cuándo podríamos verlo?

Si volviéramos al bar el domingo seguro que lo encontraríamos. Siempre acudía los domingos.

—Dígale que volveremos el domingo próximo —dijo Chuchu con la autoridad que le conferían sus galones de sargento.

Salimos del bar y miramos más atentamente la casa. Era un feo edificio cuadrado sin el menor estilo. Su único atractivo era su misterio y su aspecto de seguridad. Había cierres metálicos en las ya sólidas puertas y en las ventanas había rejas y persianas. Tan solo un agujero del tamaño de media corona en una de las puertas nos permitió atisbar el interior. En realidad, la casa no estaba completamente vacía. Pude ver, desdibujados en la oscuridad, dos cuadros y un aparador. Para mí, la casa olía a viejo crimen. ¿Los alaridos de una mujer?

—Tenemos que verla por dentro —dije a Chuchu.

—A la vuelta —me contestó.

Pero tendría que pasar un año antes de ver cumplido mi deseo. Resultó más fácil llegar a conocer al General que el interior de la Casa Embrujada.

Nos dirigimos hacia Santiago con intención de parar un rato en una aldea llamada Antón, donde al decir de Chuchu había una imagen milagrosa de Cristo. Y no es que Chuchu creyera en el Dios cristiano, era demasiado marxista para eso, aunque sí creía en el demonio.

—Cuando intentas abrir una puerta giratoria, ¿no te has dado cuenta de que siempre empujas hacia el lado contrario? Es el demonio.

Estaba orgulloso de su sangre maya y en parte creía en los dioses mayas. Me dijo que una vez, visitando un museo, había hablado a un ídolo maya y supo que lo entendía. Solo era cuestión de encontrar la nota adecuada. Mientras conducía hizo una imitación de la susodicha nota que me sobresaltó. Era más bien un chillido que una plegaria. Tenía en su casa un pequeño ídolo maya y estaba empeñado en dármelo porque así, según él, en mi hogar habría siempre radiaciones mayas.

A mí me gustaba más cuando recitaba a Rilke en alemán, o a algunos de los poetas españoles que admiraba, e intenté ponerme a su altura recitando algunas estrofas de Hardy y *L'Invitation au voyage*, de Baudelaire. Chuchu me dijo que, pese a mi acento, prefería el francés al inglés. Afirmó que el inglés no era un lenguaje poético y que Shakespeare era muy inferior a Calderón. No obstante, el poema de Newbolt, *Drake's Drum*,[4] mereció su aprobación. «Amarrado, entre cañonazos, en la Bahía Nombre de Dios...». Me prometió llevarme a Nombre de Dios. Era imposible llegar hasta

---

[4] *El tambor de Drake.*

allí por carretera porque no la había. Tendríamos que tomar un avión militar. No, un avión tampoco podría aterrizar allí. Un helicóptero. El General nos dejaría uno, con toda seguridad.

Cuando ya estábamos finalizando aquel viaje, recordé un poema que seguramente le gustaría y además yo me lo sabía de memoria. Era aquel poema de Yeats, *An Irish Airman Foresees his Death*.[5] Chuchu tenía una avioneta de segunda mano que necesitaba una reparación y me hizo repetir más de una vez algunas estrofas del poema.

Sé que encontraré mi destino
En alguna parte, allá arriba entre las nubes.

Un impulso solitario de placer
Me condujo a esta confusión en las nubes.

Mi país es la Cruz de Kiltartan,
Mis compatriotas los pobres de Kiltartan.

En cierta ocasión hasta me hizo escribir las estrofas en un bar de Panamá.

De camino hacia Antón pasamos por varios puestos de la Guardia Nacional pero Chuchu no telefoneó ni una sola vez al señor V.

—Si viene a David a buscarnos ya nos habremos ido. No pasaremos ahí una sola noche.

En Antón no pudimos entrar en la iglesia para ver al Cristo milagroso. El templo estaba cerrado y, al parecer, nadie sabía dónde estaba el párroco.

—No importa. A la vuelta —dijo Chuchu.

Era la segunda vez que utilizaba aquella frase, y de repente se convirtió en mi mente en el título de una novela que, desgraciadamente, jamás habría de escribir.

Mientras Chuchu conducía empecé a saber algo de su vida privada. Tenía un número indeterminado de hijos de varias mujeres y los mantenía a casi todos, aun cuando un niño y una niña

---

[5] *Un aviador presagia su muerte.*

vivían en los Estados Unidos con su madre, la mujer de la que estaba divorciado. Esa mujer lo abandonó por un profesor estadounidense y siempre hablaba de ella con nostalgia. Jamás supe nada de su anterior mujer, la madre del muchacho que manipulaba el coche que explotó. Por entonces una jovencita vivía con él. Muy poquita cosa, dijo, pero la tenía con él por lástima. No podía echarla de su casa, como quería la «mujer rica». Pero de todas formas le gustaría librarse de aquella «pobre infeliz»...

Era la primera vez que oía hablar de «la mujer rica». Me dijo que había tenido con ella una niña. La madre era también poeta.

—Cuando voy a verla siempre dormimos juntos, pero ella dice que solo voy por la comida que tiene en su despensa.

Nos detuvimos en el acuartelamiento de los Wild Pigs, cerca de la pequeña casa que el General tenía en la costa del Pacífico. Chuchu tenía recuerdos nostálgicos de su entrenamiento allí, y nos encontramos con el primer amigo que tuvo en aquellos días, cuando era un recluta de mediana edad. Aquella época debió de ser difícil para él, un profesor entre los Wild Pigs. Un día incluso llegaron a golpearlo en la cabeza por leer un libro. Pero ese mismo hombre que lo había golpeado se acercó y le dijo: «Ven a cagar conmigo», que era la más alta demostración de amistad que podían darle.

Ahora, a sus ojos, Chuchu se había convertido en un gran hombre, incluso entre los oficiales, pues se sabía que era el amigo de confianza del General. Hubo allí un coronel, Sanjur, que inició una rebelión en el 1969, a raíz de que el General exiliara a su compañero de armas y tomara el poder. El General se encontraba en aquella ocasión visitando Miami, pero inmediatamente voló de vuelta a David, ante la consternación de los conspiradores, quienes creían que se sentiría satisfecho de seguir el mismo camino del presidente Arias y el coronel Martínez a Miami, sin más aspavientos. Se perdonó a los oficiales jóvenes y el coronel Sanjur fue encarcelado. Pero la CIA organizó su fuga mediante sobornos, trasladándolo a la zona del Canal.

Otro Wild Pig nos abordó en el campamento. Necesitaban desesperadamente dinero y durante mucho tiempo había soñado con que llegara la ocasión en que el General visitara el campamento, le hablara y él hiciera acopio suficiente de valor para contar al General sus cuitas. Tenía tres niños… bueno, en confianza, admitió que solo eran dos, pero tres producía mayor efecto o al menos así lo creía, y necesitaba de veras trescientos dólares. ¿Trescientos dólares? Bueno, claro que con doscientos se arreglaría, pero es que siempre convenía pedir más de lo que en realidad se necesitaba.

El verdadero motivo de la visita de Chuchu al campamento era obtener munición para una nueva adquisición de la que se sentía sumamente orgulloso. En su casa tenía ya un auténtico arsenal, dispuesto para el enfrentamiento del año próximo con los yanquis, si es que se llegaba a la lucha en la calle, una pistola de repetición rusa que podía disparar apoyándola en el hombro. Se la había proporcionado un amigo de la Embajada cubana a cambio de un revólver belga. Era evidente que, para él, la palabra *rusa* tenía connotaciones mágicas. Me prometió que la probaríamos cuando llegásemos a David.

Cuando llegamos a Santiago nos sirvieron una comida desastrosa en el que era, al parecer, el único restaurante de la ciudad. Era chino. Me sentí animado a la vista de una botella de Gordon's al fondo del bar, y pedí un gin, pero, cualquiera que fuese el contenido de aquella botella, desde luego no era ginebra. Así lo dije y el chino sonrió y sonrió. Por precaución, elegimos un plato muy europeo, *chop-suey*, y pedí algo de salsa picante para animarlo. Por supuesto la botella exhibía la etiqueta correspondiente, pero dentro solo había agua coloreada y cuando me quejé al chino sonrió, sonrió y no dejó de sonreír. El restaurante formaba parte de un hotel, pero pensamos que lo mejor sería buscar alojamiento en otra parte.

Encontramos un motel y pedimos dos habitaciones.

—Pero ¿dónde están las chicas? —preguntó el propietario con asombro y una cierta suspicacia.

Chuchu se quitó el cinturón y dejó el revólver sobre la mesilla de noche, con el seguro quitado.

—¿Por precaución? —pregunté, y más adelante, en Francia, tuve con frecuencia motivos para recordar el aforismo con el que me contestó:

—Un revólver no es defensa.

En realidad era un hombre con sabiduría. Incluso las puertas del motel demostraron, como él había dicho, que el demonio existía.

De camino ya para David, Chuchu estaba muy animado. De vez en cuando miraba hacia atrás, como si su vista pudiera penetrar en el portaequipajes, donde descansaba su amada pistola rusa. Me contó una extraña historia sobre su visita a David. El decano de la Universidad de Guatemala, huésped honorable de Panamá, estaba con él; también había una botella de whisky, que el decano había vaciado mientras Chuchu conducía. Cuando llegaron, el decano ya estaba bastante borracho. Por alguna razón todos los hoteles se encontraban llenos. Se dirigieron a una comisaría de Policía con la intención de pedir una celda para pasar la noche, pero también estaban al completo. Quedaba la pequeña plaza con sus bancos de piedra, pero había catorce homosexuales. Por suerte Chuchu iba de uniforme. Ordenó a un guardia que llevase a los homosexuales ante su presencia, y después de echarles un pequeño sermón, dijo que los mandasen a sus casas. Así, el decano y él pudieron dormir en los bancos de la plaza vacía.

En David nos dirigimos a los barracones de la Guardia Nacional, de forma que Chuchu pudo dejar el coche del General a buen recaudo toda la noche. Recordaba aún la bomba que había dañado el suyo. Allí encontramos al capitán Wong. Estaba muy interesado en el armamento ruso. Cogió su modelo americano y nos condujo al campo de tiro. La repetidora americana funcionaba a la perfección. La rusa escupió unas pocas balas y se encasquilló. Otro intento. La rusa se encasquilló otra vez. Chuchu estaba furioso, ofendido, humillado. Era casi como si lo hubiese traicionado la mujer que amaba. Pensar que había dado un excelente revólver belga, a cambio de la pistola rusa, en la Embajada cubana. Era como si el profeta Marx, en persona, le hubiese fallado.

Oí a Chuchu decirle al capitán Wong que lo veríamos «a la vuelta». El capitán Wong, el Cristo milagroso, la Casa Encantada, todo eran promesas para la vuelta, y mi proyecto de novela emergía de entre las sombras. En mi novela la promesa no se cumpliría nunca, mi protagonista nunca volvería atrás.

Al día siguiente, Chuchu estaba callado y triste, mientras llegábamos en coche a las montañas, de camino hacia una aldea llamada Boquete. Él meditaba tristemente sobre su repetidora rusa, para mí, en cambio, era como volver a la vida después de una larga enfermedad, la maligna enfermedad del bloqueo del escritor. Estaba acabando *El factor humano*, una novela abandonada que había sacado a la luz para escapar justamente de ese bloqueo. Habían pasado cinco años desde la anterior novela, y ya estaba sintiendo la amenaza de otro largo estancamiento, cuando también *El factor humano* estuviese yendo y viniendo en mi mente vacía.

Pero con *El viaje de vuelta*, todo sería posible: mis días de escritor, pensaba, no estaban acabados. Los elementos principales de la historia y los personajes estaban ya listos. La peligrosa situación entre Panamá y los Estados Unidos, Chuchu, la bomba en su coche, la expresión que él usó en el hotel —«Un revólver no es defensa»—, su demostración de la existencia del diablo, el rector de la Universidad de Guatemala y los catorce homosexuales, las impresiones iban arracimándose como abejas en torno a su reina en este día que estábamos pasando juntos. Por eso me sentí feliz en el camino hacia Boquete, un encantador y pequeño pueblo que se erguía en casi novecientos metros sobre la ladera de un volcán. Las calles estaban inundadas de un sonido a agua torrentosa, y el aire era fresco como el de una aldea suiza; incluso el pequeño hotel era bonito, y también lo era la mesera, que tenía la gracia y la mirada de la joven Oona Chaplin.

VIII

Al día siguiente visitamos la gran mina de cobre que dirigía Rory González, el amigo del General. Era una nueva adquisición del Estado y al parecer ofrecía grandes expectativas para el futuro de Panamá, que, de lo contrario, hubiera seguido dependiendo de los bancos, las banderas de conveniencia, azúcar, café y yuca, aparte de los irrisorios ingresos recibidos de acuerdo con las condiciones del viejo tratado para la utilización del Canal, que ya resultaba insuficiente para dar paso a los buques de mayor tonelaje, los petroleros y los portaaviones. La concesión para trabajar la mina se la habían comprado a una empresa canadiense. No se esperaba que pudiera entrar en producción hasta dentro de cuatro años e implicaba hacer una apuesta muy arriesgada.

Me dijeron que aquella mina era la más grande del mundo, mayor que la de Chuquicamata en Chile, que yo había visitado cuando Allende era presidente. Pero el cobre tenía más valor por su cantidad que por su calidad. Un canadiense que había formado parte de la antigua gerencia se mostraba, naturalmente, pesimista. No quería que le demostraran su equivocación, deseaba el fracaso. A su juicio era impensable que la mina llegara a la plena producción antes del período comprendido entre 1986 y 1988, y ¿qué precio tendría entonces el cobre? Los cálculos sobre las cotizaciones del cobre eran tan dignos de confianza como el crucigrama de un periódico. Japón había hecho grandes reservas de cobre cuando su balanza de pagos le era favorable y era posible que en cualquier momento vendiera esas reservas. Una vez en la mina, llegamos hasta el fondo del túnel, almorzamos en la cantina y un joven inglés me hizo una misteriosa observación.

—Ser supersticioso trae mala suerte.

¿Acaso se me habría ocurrido tirar algo de sal por encima del hombro?

Por alguna razón desconocida anoté en mi diario la presencia de «un fatigado americano», que no dejó más recuerdo en mí.

Finalmente nos encontramos de nuevo en la carretera que conducía a Boquete.

La melancolía de Chuchu se había esfumado totalmente. Cantó, recitó poemas e hizo referencia a una cínica frase panameña que podía decirse a una muchacha y que, por una razón desconocida, se me quedó grabada —«Vente conmigo para estar a solas»—. Es realmente extraño las cosas que uno recuerda y las que olvida. Allí había aves y mariposas desconocidas para nosotros y, en el lindero del camino, los rostros indios de una tribu que quizá se viera amenazada por la mina de cobre, ya que de verse coronada por el éxito cambiaría en su totalidad el tipo de vida de la tribu. Pasó un jinete llevando en la mano un gallo con el aire de un mesero con una bandeja.

Antes de irme a la cama escribí en mi diario una nota para la nueva novela, sin imaginar siquiera que jamás la escribiría. «La novela empieza con una entrevista que una joven, de un semanario izquierdista francés, hace al General. La muchacha está tratando de olvidar la experiencia de un matrimonio desgraciado en París e intenta evitar nuevos sufrimientos. Finalmente vuelve a sumergirse en el sufrimiento, sin alcanzar la felicidad».

Al día siguiente regresamos a David para tomar un avión que nos conduciría a la isla de Bocas del Toro, puerto bananero muy deprimido, aunque solo varios años después descubrí hasta qué punto estaba deprimido. Me sentía atraído por él, porque se trataba del punto occidental más alejado al que llegara Colón en la costa de Panamá, y quizá también debido a lo que decía la *South American Handbook* con su habitual franqueza: «Jamás llega allí turista alguno».

Mientras viajábamos hasta allí conté a Chuchu la novela que estaba preparando y acaso ese haya sido el motivo de que nunca llegara a escribirla, salvo el primer capítulo. Contar una historia es casi lo mismo que escribirla, una sustitución de su plasmación sobre el papel.

—La periodista francesa y tú son los protagonistas —le dije—. El General te encarga que la acompañes para mostrarle el país. Te presta uno de sus coches y allá van, igual que hemos hecho nosotros. Siempre surgen cosas que no pueden ver, como el Cristo milagroso y la Casa Embrujada. «A la vuelta», repites tú, y ese será el título del libro. Pero la ironía reside en que ninguno de los dos tomarán el camino de regreso.

—¿Hacemos el amor? —preguntó Chuchu con cierta fogosidad.

—Bueno, la idea empieza a bullirte en la cabeza, pero ella no es como las otras mujeres que has conocido. Te asaltan temores y escrúpulos. Aun así, cuando llegan a David o a algún pueblo aún más alejado, los dos saben lo que va a ocurrir. Se detienen ante un hotel y de mutuo acuerdo, sin que se cruce entre ustedes una palabra, piden una habitación. Ella quiere sacudirse el polvo del camino y cepillarse el pelo. Tú le dices que debes llevar el coche del General a la Guardia Nacional para una mayor seguridad y que luego volverás..., para hacer el amor, naturalmente, ambos los saben, aunque sin hablar de ello. Ella se lava y se arregla el pelo. Se siente feliz al haberse disipado toda duda. La decisión ha sido tomada. Pero tú no vuelves. Ella te espera en vano. Durante los breves momentos que estuviste con ella en la habitación alguien debió de poner una bomba en el coche, que vuela por los aires. Ella oye la explosión mientras se cepilla el pelo, pero imagina que es solo el escape de tu coche...

—¿Y yo muero? —preguntó excitado Chuchu. Entonces recordé lo que me dijera aquel mismo día: «Yo no moriré jamás».

—Sí. ¿Te importa que te maten en una novela?

—¿Importarme? —Se descubrió el brazo. Se le había puesto la carne de gallina—. Tienes que escribirlo. Prométeme que lo escribirás.

—Lo intentaré.

Pero ese libro nunca se escribió y el que murió fue el General, no Chuchu.

Perdimos el avión para Bocas en David, pero Chuchu no se mostró en modo alguno decepcionado.

—Cuando vuelvas —dijo. Era una variante de aquel «A la vuelta» y una variante en la que yo no creía, porque no veía motivo para volver a Panamá.

Fuimos a ver de nuevo al capitán Wong y todos juntos nos dirigimos a los alrededores de la ciudad, donde unos ladrones habían abandonado un coche. El capitán Wong decidió hacer prácticas de tiro, esta vez con revólveres. La pistola rusa había quedado en la cajuela del coche. El blanco elegido era el número de la matrícula de un coche en el que figuraban las letras O e I.

—Disparemos al centro de la O —propuso el capitán Wong.

Por desgracia, después de los tres disparos que hicieron cada uno de ellos, ni siquiera habían tocado la placa de la matrícula. Tal vez mi mirada revelara cierta socarronería, porque Chuchu me alargó su revólver diciendo:

—Muy bien, inténtalo tú.

—Soy muy malo. Ni siquiera acertaré al coche. ¿Para qué malgastar buena munición?

—Nada, nada. Inténtalo.

Disparé. No le di a la O pero, por un extraño azar, puse el punto en la I. Regresamos en silencio.

Chuchu y yo abandonamos David y enfilamos la carretera que conducía a Ciudad de Panamá. En Antón logramos al fin ver la imagen milagrosa. El Cristo, tallado en madera, estaba cubierto de adornos de oro, lo que, al parecer, indujo a algunos ladrones a robar la imagen, pero mientras la sacaban de la iglesia, aumentó milagrosamente el peso de los adornos hasta el punto de que se vieron obligados a abandonarla.

Quizá porque estaba viajando con una mujer imaginaria además de Chuchu y necesitaba observarlos juntos, me sentía reacio a volver tan pronto a Ciudad de Panamá. Era domingo. Le recordé a Chuchu que teníamos una cita con la Casa Embrujada. Pero, misteriosamente, el bar estaba cerrado, hecho incomprensible para el vecindario porque, en domingo, los bares están abiertos en todas partes. Ahora ha arraigado en mí la decisión de volver un día para ver su interior. ¿Qué era lo que temía aquel viejo del inquisitivo forastero de uniforme?

Decepcionados, dirigimos nuestros pasos hacia Ocú, un pequeño pueblo famoso, según Chuchu, por sus sandalias. En Ocú, Chuchu compró cuero suficiente para dos pares, y preguntamos a un campesino al que habíamos recogido en la carretera dónde podrían hacernos las sandalias. Nos aseguró que él era tan bueno haciéndolas como cualquier artesano de la región y nos condujo hasta su choza.

Chuchu ya me había hablado de la desusada costumbre de beber en Panamá, costumbre seguida habitualmente incluso por el General.

—Somos bebedores. Los domingos bebemos para emborracharnos, pero no bebemos durante el resto de la semana —me dijo Chuchu—. Ustedes en Europa son unos alcohólicos. Beben a todas horas.

Me alegró que durante los días que pasamos juntos se decidiera por la costumbre europea.

Sin embargo, nuestro campesino demostró que estaba completamente sobrio. Nos sacó dos sillas al patio que había delante de su choza y comenzó su trabajo, mientras lo observaban once chiquillos y una muchacha embarazada. Primero empapó la piel y luego la moldeó sobre el pie y la cortó. De repente se escucharon gritos de «Uahu», seguidos de algo semejante al ladrido de un perro. Dos vecinos se habían incorporado a la escena. Llevaban unos extraños sombreros pequeños de ala redondeada que parecían mantenerse en un equilibrio inestable sobre sus protuberantes orejas. Habían estado celebrando el domingo ya desde la misa matinal. Al principio siguieron ladrando, y aunque después el General corrigiera mi impresión, esta era la forma tradicional de cantar de los campesinos. Luego, uno de ellos me dedicó toda su atención, sentándose en el suelo junto a mí y tomándome la mano. Dijo que solo le interesaba la religión[6] y que quería hablar de ella. ¿Era gringo? No, no era gringo, era inglés. ¿Era católico? Sí, era católico.

—Entonces tenemos que hablar sobre religión.

Pregunté a mi amigo cómo era su párroco.

—Demasiado materialista —me contestó.

Intenté desviar la conversación de la religión hacia la política y el Canal, pero nadie estaba interesado en ello.

—Y el General. ¿Le gusta el General? —pregunté.

—Medio bueno, medio malo.

—¿Con qué es malo?

—No le gustan los gringos.

—¿Por qué les gustan los gringos?

---

[6] En español en el original.

Los cuatrocientos hombres del Cuerpo de Paz que enviara Kennedy a Panamá habían sido expulsados por el General, pero al menos en aquella zona pobre, cercana a Las Minas, uno de ellos había hecho prosélitos.

—Era un buen hombre. Nos enseñaba cosas y siempre bebía con nosotros los domingos.

Parecía como si me encontrara en otro país, muy lejos de los moradores de los chamizos de El Chorrillo, con sus beligerantes gritos, o de los cánticos de los Wild Pigs.

Debieron de pasar casi dos horas antes de que viéramos terminadas nuestras sandalias. En realidad, no eran muy buenas y al día siguiente abandoné las mías, dejándolas en un hotelucho donde había muchas y muy grandes cucarachas, en el triste pueblo de Chitré. Chuchu se mostró decepcionado ante mi gesto aseguró que las sandalias eran genuina artesanía panameña. Parecía como si se estuviera refiriendo al calzado de Lobb en St. James's. Pero me di cuenta de que él tampoco llevó las suyas por mucho tiempo.

IX

De camino hacia Ciudad de Panamá, nos detuvimos en Río Hato, donde los Wild Pigs tenían su acuartelamiento y el General se encontraba en la modesta casa que poseía cerca de allí, en la costa del Pacífico. Aquel día, el general Torrijos estaba con Aquilino Boyd, el secretario de Asuntos Exteriores, así como con los miembros de su Estado Mayor, reunidos allí porque al día siguiente estaba prevista la llegada de la delegación estadounidense y Mr. Bunker. Para mí, aquel fue un momento algo embarazoso por lo que le había dicho al General respecto al coronel Flores. El General insistió en presentarme a los integrantes del Estado Mayor, empezando por el coronel, que seguía mascando chicle como hiciera en El Chorrillo. En la mano que me alargó, reacio, me pareció sentir su desagrado y desdén. Me dio la impresión de que se preguntaba por qué razón él, jefe del Estado Mayor, tenía que saludar a un civil y extranjero en términos de igualdad. En cambio, en el apretón de manos del oficial del servicio secreto, me pareció descubrir simpatía y una especie de complicidad. Un contraste interesante.

Chuchu y yo nos sumergimos en las aguas tranquilas, limpias y claras del Pacífico, mientras se celebraba la sesión con el Estado Mayor, y luego almorzamos pésimamente en la cantina de los Wild Pigs, vagando por allí hasta que el General se vio libre de sus invitados militares. Al parecer quería hablar conmigo. La visita de los estadounidenses parecía preocuparlo mucho, tal vez ante la idea de una discusión interminable para intentar lograr un tratado justo, sin ver nunca el final y la imposibilidad de un enfrentamiento abierto, si seguía el consejo de Castro. Hizo una extraña comparación que aún hoy sigo sin comprender.

—Tú y yo tenemos algo en común. Ambos somos autodestructivos —y añadió luego, presuroso—: Claro que no me refiero a instintos suicidas.

Fue como si en aquel instante hubiera abierto para mí una rendija de la puerta que daba a una habitación secreta, una puerta que jamás volvería a cerrar del todo.

Prosiguió hablando del enfrentamiento con los Estados Unidos, idea que nunca abandonaba y recordé lo que dijera en Contadora de que el año 1977 sería la fecha del agotamiento de su paciencia. El enfrentamiento significaba guerra, una guerra entre una diminuta república, con una población inferior a los dos millones de habitantes, y los Estados Unidos, cuya población superaba los doscientos millones.

Había empezado a darme cuenta de que Torrijos era un romántico, pero pronto descubriría que en la mayoría de los panameños el romanticismo se encontraba equilibrado por una vena de sabiduría cínica, que puede descubrirse en sus canciones populares, bastante menos sentimentales que las nuestras. Por ejemplo: «Tu amor es un periódico de ayer». También se puede descubrir el cinismo en algunos de los eslogans que aparecen en los autobuses tan bien pintados: «No vayas a acicalarte porque no vas a salir conmigo». Era posible que el General se sintiera autodestructivo, pero había calculado sus posibilidades con un gran realismo.

—En Ciudad de Panamá podríamos resistir durante cuarenta y ocho horas —me había dicho—. En cuanto al Canal, puede sabotearse con facilidad. Con solo practicar una perforación en el dique Gatún, el Canal se vaciaría en el Atlántico. Solo se necesitarían unos días para arreglar la avería en la presa, pero harían falta tres años de lluvia para que volviera a llenarse el Canal. Durante ese tiempo se practicaría una guerra de guerrillas; las cordilleras centrales alcanzan los tres mil metros y se extienden hasta la frontera con Costa Rica por un lado de la Zona, y por el otro lado, la densa selva de Darién, que sigue siendo casi tan desconocida como en tiempos de Balboa, se prolonga hasta la frontera colombiana, atravesada solo por caminos de contrabandistas. Aquí podemos resistir durante dos años, el tiempo suficiente para despertar la conciencia del mundo y la opinión pública en los Estados Unidos. Y no lo olvides, por vez primera desde la guerra civil estadounidense, los civiles se encontrarán en la línea de fuego. En la Zona hay cuarenta mil de ellos, aparte de los diez mil soldados.

En la propia Zona existían áreas de selva donde los americanos entrenaban a sus propias tropas especiales, así como a tropas de otros estados latinoamericanos que hacían la guerra de guerrillas, pero por experiencia personal, consideraba ese entrenamiento con cierto desprecio. Recientemente, con ocasión de unas maniobras en la selva que los americanos llevaban a cabo dentro de la Zona, se vieron sorprendidos por una patrulla de los Wild Pigs, que había penetrado en la Zona sin que ellos se enterasen, debido, según explicó el oficial de mando, a que algo andaba mal con su brújula.

—Sé que el Pentágono aconsejó a Carter que, para defender el Canal adecuadamente, mandara cien mil hombres en lugar de diez mil —añadió el General.

Nuestra conversación quedó interrumpida por el ruido del pequeño avión a propulsión del General, que llegaba de Venezuela. Había despegado aquella mañana con una carta para el presidente y regresaba con la respuesta de este. El único apoyo con el que el General podía contar en Sudamérica durante sus negociaciones con los Estados Unidos era el de Venezuela, Colombia y Perú. Las comunicaciones eran muy semejantes a las existentes en el siglo xvii, por mensajero, pero ahora el *jet* sustituía a los caballos. Considerando que la Zona americana estaba equipada electrónicamente hasta la saturación, podía ser intervenida cualquier llamada telefónica y asimismo una clave telegráfica podía ser descifrada en cuestión de horas.

El general Torrijos leyó la carta del presidente de Venezuela y seguidamente la conversación tomó un rumbo completamente distinto. Tuve la impresión de que estábamos llegando a la verdadera razón de su deseo de que me quedara, tal vez no yo de manera especial, sino cualquier oyente que pudiera comprender su emoción.

—Ayer sucedió algo muy importante —dijo.

Me pregunté si se disponía a revelar algún mensaje secreto del viejo Mr. Bunker o de alguno de esos tipos internacionales, a quienes los partidarios de Mr. Drummond llamaban Gerry y Henry.

Siguió diciendo:

—Ayer hizo veinticinco años que me casé, pero por entonces yo no era más que un joven teniente. Mi padre político, un hombre de negocios judío que vivía en Nueva York, juró que jamás volvería a hablar a su hija. Todos estos años han sido muy duros para mi mujer, porque quiere mucho a su padre. Hace tiempo pedí al general Dayan que intercediera por mí en Nueva York. Mi suegro ni siquiera quiso escuchar a Dayan. Panamá votó en Estados Unidos a favor de Israel en el asunto Entebbe. Fuimos el único país de América Latina que lo hizo y después los israelitas se mostraron muy agradecidos y me ofrecieron todo tipo de ayuda, pero les dije que ya había pedido a Dayan lo único que quería y que no había podido ayudarme. Pero de repente, ayer, mi padre político telefoneó desde Nueva York y pidió hablar con mi mujer. Hoy ella se ha ido a verlo. Al cabo de veinticinco años. Dije al viejo por teléfono que tenía una hija maravillosa y que yo se lo debía todo a ella.

Lo que me contó fue aún más conmovedor. Él debía de saber que yo había tenido tiempo de averiguar que él no era el tipo de hombre sexualmente fiel a una sola mujer. Pero era un hombre profundamente leal al pasado y fiel sobre todo a la amistad.

X

Chuchu y yo habíamos proyectado volar a la isla de Taboga para descansar después de nuestros viajes. Pero no pudo ser. El General quiso que volviera a Río Hato al día siguiente, para acompañarlo a una reunión de agricultores y representantes rurales. Así podría ver cómo funcionaba su tipo de democracia.

Cogimos un pequeño avión militar y volamos sobre el mar, trazando un amplio arco antes de volver a la costa.

—Puedo darme cuenta de que hoy tenemos un piloto joven e inexperto porque estamos volando sobre el mar —dijo el General—. Los de más edad procuran no alejarse de la tierra; es más seguro con un avión pequeño, sobre todo por los tiburones. A veces, cuando sé que mi piloto se va a negar a seguir una ruta determinada a causa del tiempo, pido que me envíen uno joven al que no le preocupen esas cosas.

Era evidente que disfrutaba del pequeño riesgo que representaba la caída en un mar lleno de tiburones. Me pregunto si también habría pedido que le enviaran un piloto joven cinco años después, el día de su muerte.

Ya en el avión le pregunté, aún no sé por qué razón, en qué momento del día solía sentirse más desalentado. Parecían gustarle las preguntas personales de ese tipo, como si creyera que con ellas se daba un paso más hacia la amistad.

—De noche, cuando me voy a la cama. Pero con la salida del sol vuelvo a sentirme contento —contestó al punto.

Si iba conociendo siempre un poco más al General en cada entrevista, era porque él lo quería así. Era como si se sintiera hastiado y atormentado por su imagen pública y anhelaba sobre todas las cosas ser una persona común, capaz de hablar con un amigo sobre unas y otras cosas de manera absolutamente espontánea.

En aquella ocasión íbamos a encontrarnos con un grupo de cultivadores de yuca y a escuchar sus quejas. Una vez aterrizamos en la carretera que conducía a la aldea, me dijo que estaba decidido a aceptar su petición de una subida de un dólar veinticinco centavos a un dólar setenta y cinco por caja.

—Este centro de yuca ha sido una equivocación. Nuestra, claro, no de ellos. De cualquier forma, quiero redistribuir el dinero, invirtiendo más en el campo y menos en las ciudades.

Luego siguió diciendo que, de todas maneras, mantendría a los agricultores durante un tiempo en suspenso, para nuestra diversión y la de ellos.

La reunión se celebraba al aire libre y vi apiñados ante mí los mismos rostros, con los mismos sombreros extraños y las mismas orejas de soplillo que los amigos del artesano de las sandalias. En realidad, estoy convencido de que estaba entre ellos uno de los campesinos que encontré aquel día en Ocú, porque continuamente tropezaba con su mirada y, en un momento dado, me guiñó un ojo. Muchos tenían dientes de oro y llevaban sortijas también de oro. Colón hubiera pensado que aquello era indicio de la proximidad de El Dorado. Todos querían hablar a la vez y su aspecto era arrogante y decidido. También pude darme cuenta de que el General estaba disfrutando enormemente.

—Trataremos primero los asuntos menos importantes y dejaremos para el final la espinosa cuestión de la ayuda —empezó diciendo.

Era una forma muy inteligente de terminar con rapidez los asuntos, ya que los campesinos solo estaban interesados en la yuca, por lo que no discutirían sus otras decisiones. Les prometió que habría un nuevo puente sobre el Canal para aliviar la circulación a través de la Zona por el Puente de las Américas; se dejó para estudio ulterior el emplazamiento de una fábrica de elaboración de la lima; también se aplazó para otra ocasión el proyecto de creación de una empresa mixta, en un sesenta por ciento capital privado, para la crianza de ganado. Su público estaba satisfecho de dejarlo todo para otra ocasión salvo la yuca, incluido el tema del refinamiento de la sal y su uso en la construcción de carreteras.

Finalmente, y en un ambiente de excitado interés, se llegó a la cuestión del precio de la yuca. El General afirmó que el Gobierno se había mostrado en exceso ambicioso al alentar el cultivo de yuca. Se habían cometido demasiados errores. De cualquier forma, dudaba que le fuera posible aumentar el precio. ¿Quién proporcionaría el dinero? Tendría que salir del bolsillo de alguien.

El ingeniero del Gobierno intentó hablar. El General lo interrumpió diciendo que había ido allí para escuchar a los agricultores.

Habló de nuevo sobre las dificultades para aumentar el precio, no convenía perjudicar las exportaciones. ¿Tal vez un aumento de veinte centavos? Y empezó a regatear con los centavos. Pero sus ojos tenían una expresión divertida. Los estaba embromando.

Los campesinos pronto se dieron cuenta del juego que se traía y comenzaron a argüir con medias sonrisas y a discutir con salidas humorísticas, hasta que de repente el General cedió. Entonces hubo risas y aplausos. Habían obtenido el precio solicitado. Eso era importante. Pero aparte de eso se habían divertido mucho. La reunión se disolvió alegremente.

Lo que siguió ya no fue tan divertido. Un aburrido almuerzo en casa de un terrateniente, con un enjambre de mujeres fastidiosas que revoloteaban alrededor del General, tumbado en su inevitable hamaca. Nos sirvieron trozos de cerdo casi incomibles y yuca absolutamente incomible. Entonces supe que se trataba de lo que yo llamaba *cassava*. La elección de bebidas era limitada: agua o Pepsi. Bueno, también tomaban whisky o un vaso de ron, pero no era domingo. Incluso el General bebió agua. Me encontraba ya casi fuera de mis casillas cuando Chuchu, que montaba guardia junto a la puerta, me miró y me hizo un guiño. Salí de la habitación. Me dio una copa en otro cuarto, lejos de las miradas de los comensales.

Una vez que el avión hubo dejado al General en Río Hato, Chuchu y yo volvimos a Panamá. Nos detuvimos en la Casa Embrujada y tomamos una copa en el bar contiguo, pues parecía que Chuchu, en mi compañía, empezaba a adoptar la costumbre europea de beber durante todos los días de la semana.

Yo le había contado al General lo de nuestra primera visita y él también recordaba haber oído de niño algo sobre un fantasma. Se decía que era una mujer blanca sin cabeza. El propietario debía de andar ya por los ochenta, de manera que cuando comenzó el embrujo sería un hombre en la treintena. Llegué a estar convencido de que había matado a la mujer en su casa, se habían oído sus gritos y de ese modo surgió la historia del embrujo. Probablemente estaría enterrada debajo del suelo. Sugerí al General que los Wild Pigs llevaran a cabo un ejercicio. Irrumpirían en la casa después de un supuesto asedio y acaso pudieran cavar un poco. Pero el General no se mostró acorde con la idea. Afirmó que cualquier registro había de ser legal.

Chuchu y yo volvimos a merodear por allí. Preguntamos al barman si había visto al propietario. Sí, desde luego. Le contó lo de nuestra visita, pero no había nada que hacer sin hablar con él. Siempre estaba allí el domingo. Muy bien, volveríamos el domingo próximo, le dijimos.

Una vez en Ciudad de Panamá, Chuchu sugirió que podía invitar a cenar a «la mujer rica». Así era como siempre se refería a ella para distinguirla de las demás, porque no creo que fuese demasiado acaudalada. De todas formas, había proyectado pasar la noche con ella, en un hotel, claro, a causa de la criatura. Tendría que levantarse a las seis para irse a casa. Le pregunté qué pasaba con la joven con la que por entonces vivía.

Bueno, no había de qué preocuparse. Ella no le exigía nada. Chuchu admitió que parecía gustar a las mujeres.

—Entonces, ¿eres un gran amante?

Bueno, no era exactamente eso, aseguró. A él no le preocupaban las posturas sexuales ni todas esas estupideces, y tampoco creía que las mujeres estuvieran realmente interesadas en detalles tan insignificantes. Creía que lo que les gustaba de él era la ternura con que siempre las trataba después de hacer el amor. Y esa «mujer» como él la llamaba, era hermosa.

En el excelente bar El Señorial nos bebimos cada uno tres ponches de ron que nos preparó una atractiva joven llamada Flor. Evidentemente sentía afecto por Chuchu, pero él se mostraba extrañamente reacio a cortejarla.

—Es una buena muchacha. Podría convertirse en un asunto demasiado serio.

Luego fuimos a reunirnos con la poeta. Chuchu estaba ya algo bebido. Se emborrachó mucho más durante la cena, pidiéndome continuamente que admirara la belleza de su amiga. Ciertamente era una mujer guapa e inteligente, rondando los cincuenta, pero resultaba difícil mantener una conversación. Cada dos por tres, Chuchu decía:

—Mírala, Graham, mírala. ¿Verdad que es encantadora?

Creo que ella hizo gala de una gran paciencia. Finalmente Chuchu me condujo de forma más bien errática hasta el hotel, yéndose luego juntos. Tuve la impresión de que sus posibilidades de pasar con ella una noche satisfactoria eran escasas.

Pero estaba muy equivocado. Cuando al día siguiente se reunió conmigo, tenía el aspecto de un hombre muy feliz y todavía algo embriagado. Había bebido media botella de vino en el desayuno, antes de que ella lo dejara a las seis. Me dijo que la «noche había sido maravillosa». Le aseguré que me sorprendía, después de la forma en que la había tratado durante la cena.

—¿A qué te refieres?

—No cesabas de decir que la mirara y viera lo hermosa que era. Es lo único que dijiste.

—No lo entiendes, Graham. Ha llegado a una edad en que necesita reafirmarse.

La verdad es que era algo mejor que un profesor de filosofía marxista, de matemáticas y sargento de la Policía de Seguridad. Era un hombre bueno y cariñoso, con un conocimiento humano muy superior al mío. Creo que mi profundo afecto por él comenzó aquel día, cuando estaba demasiado borracho para conducir con seguridad. Se saltó los semáforos y se lanzó contra un coche estacionado, antes de que nos detuviéramos delante de una librería cuyo propietario era un héroe de la guerra griego.

—Tenemos que invitarlo a tu fiesta del viernes —dijo.

—¿Mi fiesta?

Al parecer el General y Chuchu habían decidido de mutuo acuerdo que yo habría de ser el anfitrión de una fiesta. Las bebidas las facilitaría la Guardia Nacional y la fiesta se celebraría en la casa de un viejo escritor panameño, Rogelio Sinán. El General no podría asistir, porque andaba muy ocupado con el Refrigerador, el viejo Mr. Bunker y su delegación estadounidense.

—Invitaremos a los cubanos —dijo Chuchu, que ya los había perdonado por la pistola rusa defectuosa— pero no al señor V.

Me advirtió que había un americano que se presentaría, lo hubiesen invitado o no, un escritor de nombre Koster que vivía en Ciudad de Panamá y que se suponía que era agente de la CIA. Había preguntado a Chuchu sobre mí.

—¿Qué está haciendo aquí esa vieja cabra? —se había interesado.

Por mi parte, me alegré de antemano de la posibilidad de conocerlo.

XI

Al día siguiente, el General puso a nuestra disposición un helicóptero militar que nos dejó, después de almorzar en la playa de Tobago, frente al pequeño hotel que allí había. Dos días después volvería a recogernos para la fiesta en Ciudad de Panamá. Era una isla muy pequeña, aunque con una aldea y selva. Perdido en la selva, aunque no nos fue posible encontrar el camino, había un cementerio inglés. Ahora sus moradores podían considerarse como enterrados dos veces. Hace ya años, por la época en que Panamá se incorporó a Colombia para formar una nación, hubo en la isla un puesto comercial británico, tal vez relacionado con el proyecto del Canal de Lesseps. Gauguin visitó la isla dos veces, pero en su segunda visita se sintió decepcionado, porque se encontró con que la paz que reinaba allí se veía perturbada por el establecimiento de una sucursal de la compañía del Canal. Ahora se había hecho de nuevo la paz.

Chuchu y yo nos sumergimos con extrema cautela en aquellas aguas porque había tiburones, aunque se nos aseguró que, por alguna misteriosa razón, solían concentrarse en las aguas que bañaban la isla contigua, que se divisaba con excesiva claridad a un kilómetro de distancia. Comimos emparedados y cerveza y fuimos paseando a la aldea. Al atardecer, llegó el único autobús marítimo, con los isleños que trabajaban en el continente. La paz en aquel lugar sin coches era tan intensa como una melodía sonando en mi cabeza. En el corredor al que daba mi cuarto había una educada nota traducida al inglés: «Si espera visitas del sexo opuesto recíbalas, por favor, en las zonas públicas». Parecía una extraña petición puritana para Panamá. Chuchu y yo jugamos una partida de billar romano, aunque no recuerdo quién de nosotros ganó. Luego me fui a la cama y soñé, en contraposición con toda aquella paz, que recibía un alarmante telegrama de casa.

Al día siguiente desperté de mi sueño a la misma melodía de paz, paz, paz, e hicimos exactamente las mismas cosas. Nos bañamos, desayunamos, fuimos a la aldea, volvimos a bañarnos. Era como si hubiesemos estado viviendo muchos meses de tranquilidad en la isla. Solo hubo una nota falsa. Chuchu se vio obligado a salir del agua por una llamada telefónica del señor V. Gracias a Dios, no se proponía reunirse con nosotros como yo había temido, sino que se había hecho cargo de todos los preparativos de la fiesta, a la que no teníamos intención de invitarlo. Recuerdo que aquel atardecer la luz era especialmente bella. Podíamos olvidarnos del señor V. Las blancas y calinosas torres de Ciudad de Panamá, brillando rutilantes en la lejanía a través del mar, se parecían a un grabado del paraíso de John Martin.

Una vez en la cama, releí *The Heart of Darkness*,[7] como ya hiciera en 1958 en el Congo. Mi novela estaba tomando forma en mi mente, o al menos así lo pensaba yo, había recobrado la esperanza y creí haber encontrado en Conrad un epígrafe para *A la vuelta*. Pero ahora, al abrir de nuevo la obra de Conrad por la página que dejé marcada, el texto parece más apropiado para el libro que estoy escribiendo:

Parece que esté intentando contarles un sueño, aunque el intento es vano, porque ninguna narración de un sueño es capaz de transmitir la sensación del sueño, esa mezcla de absurdo, sorpresa y aturdimiento. Y un estremecimiento de luchadora rebeldía. Esa idea de ser capturado por lo increíble...

---

[7] El autor se refiere a *El corazón de las tinieblas*, de Joseph Conrad.

En la paz de Tobago me sentí cautivado por Panamá, por el forcejeo con los Estados Unidos, por los campesinos ladrando como perros, por la extraña sabiduría y la complicada vida sexual de Chuchu, por el redoble de los tambores en los barrios bajos de El Chorillo, por los sueños de muerte del General. Y en cuanto a la rebelión, también hubo momentos en que la sentí durante los años que siguieron, el deseo de volver a Europa y a sus problemas personales y comprensibles.

A la mañana siguiente, comencé a tratar de pergeñar en mi diario las primeras frases de la novela, describiendo cómo un renombrado escritor izquierdista de París contrataba a una joven periodista francesa para que fuera a Panamá a entrevistar al General. De hecho, no serían las primeras frases del capítulo que finalmente escribiría para abandonarlo después:

Era alto y enjuto y hubiera tenido un aspecto de distinción casi abrumadora si no fuera por su pelo gris, tan perfectamente ondulado sobre las orejas, que también eran de perfecto tamaño viril. Y tal vez le hubiera tomado por un diplomático si no hubiera sabido de antemano que se trataba del editor de un prestigioso semanario que ella apenas leía, sintiendo escasa simpatía por su tendencia izquierdista. Muchos hombres reflejan su vitalidad tan solo en los ojos. Los suyos estaban muertos y solo se le sentía vivir en los ademanes de su elegante osamenta.

He de admitir que me había inspirado en cierto editor con quien solo había hablado una vez en un bar de Lisboa, y por vez primera, como novelista, estaba intentando, erróneamente, manejar tipos reales en mi ficción. El General, Chuchu e incluso ese editor habían surgido de la propia vida y no del subconsciente, y por esa misma razón permanecían inmóviles como estatuas en mi mente. No podían desarrollarse, eran incapaces de cualquier palabra o acción inesperadas. Eran personas reales y no podían tener en la imaginación vida independiente de mí.

XII

El helicóptero se posó en la playa con puntualidad castrense para recogernos y devolvernos a Ciudad de Panamá, donde dormí una larga siesta para prepararme con vistas a aquella extraña fiesta en la que yo había de ser el anfitrión, anfitrión ante una serie de extranjeros elegidos por Chuchu y el señor V. El librero griego era el único al que conocía, al menos de vista.

En las tarjetas de invitación se fijaba la duración de la fiesta, de ocho a diez. Chuchu y yo llegamos puntualmente y también muchos de los invitados, pero no así las bebidas. Sin ellas, el tiempo pasaba muy despacio. La fiesta languidecía. Se tomaron un montón de fotografías de grupos aburridos. Chuchu parecía cansado. Me dijo que había pasado la tarde con una prostituta. Seguían llegando más y más invitados, pero las bebidas continuaban brillando por su ausencia, lo que me hizo reflexionar amargamente sobre la hipocresía de semejantes fiestas. Nadie va a una fiesta para encontrarse con alguien. Todo el mundo va a beber gratis. No había bebidas y se suponía que yo era el anfitrión.

El agregado para Asuntos Políticos cubanos me inspiró un profundo desagrado y, por su parte, él parecía mirarme con intensa suspicacia después de que le dije que había estado tres veces en Cuba desde la revolución y que también había conocido el país en los días de Batista. Afortunadamente, un joven y simpático funcionario de prensa cubano me libró de él. Chuchu salió en busca de las bebidas, según me dijo, y al cabo de un tiempo que me pareció interminable regresó triunfante con un camión cargado de ellas. Al parecer había dado la dirección equivocada a la Guardia Nacional.

La fiesta cobró rápidamente animación. El líder comunista de Panamá se mostró muy cordial. Me dijo que su partido aprobaba la política de «prudencia» del General. Un joven arquitecto negro se mostró de acuerdo conmigo en lo absurdo de la construcción de apartamentos en casas de muchos pisos en el barrio pobre de El Chorillo, y afirmó que incluso eran preferibles los tugurios de

Hollywood. Me mostré confuso por su referencia a Hollywood, que asociaba con estrellas de cine y no con barrios bajos.

—La gente en Hollywood está encariñada con sus casas —me dijo—. Las condiciones son terribles, pero después de todo son casas.

Comprendí, aunque tarde, que Hollywood debía ser el nombre que habían dado a un sector muy pobre de la ciudad.

Chuchu me dio con el codo.

—Ahí está Koster.

El novelista o el agente de la CIA circulaba obsequioso, acercándose cada vez más, salvo cuando hizo una veloz escapada para llenar de nuevo su vaso. La Guardia Nacional se había comportado bien con nosotros y yo mismo empezaba a sentirme algo animado. Koster llegó al fin junto a mí y me alargó la mano.

—Koster —dijo.

—La vieja cabra —me presenté yo.

—¿Qué quiere decir?

—Chuchu me dijo que usted quería saber qué hacía aquí la vieja cabra.

—Jamás he dicho semejante cosa.

Se alejó rápidamente, confundiéndose con los demás invitados y, según Chuchu, hizo correr el extraño rumor de que yo era un homosexual reconocido. ¿Acaso las cabras son homosexuales?

Eran bien pasadas las diez, las bebidas parecían inagotables y a medianoche aún seguían llegando invitados. Sintiendo que me comportaba como un anfitrión descortés, me escurrí con Chuchu y su compañera, la mujer más bien macilenta con la que se había encaprichado Chuchu, la refugiada de Argentina y de la dictadura de Videla. En Ciudad de Panamá había muchos de esos refugiados que disponían para su uso de un departamentos especial, conocido localmente como la Casa del Pichón, porque cuando encontraban trabajo o se les permitía la entrada en otro país salían volando de allí. Chuchu los mantenía a todos con fondos de la cuenta particular del General.

Mientras bebíamos, Chuchu me dijo que la única mujer a la que realmente había amado, que además había sido también su esposa legítima, llegaba al día siguiente procedente de los Estados

Unidos. Allí vivía con su nuevo marido, que era profesor, y venía a ver a su madre, acompañada por los dos hijos de ambos, que Chuchu no veía desde hacía siete años. Su marido llegaría unos días después, y a pesar de ello me di cuenta de que Chuchu abrigaba esperanzas. Era a todas luces evidente que, por el momento, la argentina le importaba poco.

Al día siguiente de la fiesta vi colmada una de mis ambiciones. Chuchu me llevó a Portobelo. No era en Nombre de Dios, que aún tardaría en ver otros dos años, sino en la Bahía de Portobelo donde estaba sepultado el cuerpo de Drake. Un oficial americano ayudaba a los panameños en la búsqueda, que resultó infructuosa, de su ataúd.

Portobelo es de una belleza fantástica. Poco parece haber cambiado desde la época de Drake, cuando la ciudad se alzaba al final de la ruta del oro desde Ciudad de Panamá. Todavía perdura la casa del tesoro donde el oro esperaba a ser embarcado con destino a España, los tres fuertes que protegían la ciudad y las murallas en las que ahora se alinean los buitres. También los buitres se posan en la cruz de la catedral o vuelan en derredor. Desde la puerta de la catedral no puede verse la aldea, solo la selva que desciende oscura e impenetrable hasta cincuenta metros de la puerta. Entre las ruinas de piedra parece haber poco espacio incluso para una reducida población de dos mil. Desde el altar preside la estatua de un Cristo negro. Fue hundido el barco que la llevaba al virrey del Perú y la rescataron los indios.

De nuevo en Ciudad de Panamá me tumbé para dormir la siesta, pero fue inútil. Chuchu me despertó para decirme que el General quería que fuésemos a casa de Rory González. Mr. Bunker y los americanos se habían ido después de pasar solo unos días en la isla de Contadora y el General lo estaba celebrando.

Era la primera vez que bebíamos juntos de verdad. En el almuerzo el General bebía agua y solo cuando comprendió mi deseo europeo de una auténtica bebida me concedió un vaso de ron. Aquella tarde el Black Label corría ya cuando llegué a las cinco con Chuchu y siguió corriendo hasta las diez, cuando me fui. El señor V. estaba allí. Se encontraba ya a punto de coger una buena borrachera, de modo que no resultaba una amenaza para mi independencia y resultó ser la última vez que vi vivo al pobre hombre. También estaba allí el joven embajador panameño en los Estados Unidos y, desde luego, Rory González.

El General, libre ya de aquellas tediosas negociaciones, se sentía feliz y comunicativo. Me mostró fotografías de su mujer con el padre que había recuperado. Parecían tan felices como el General. Bromeó sobre la bella cantante colombiana a la que fuera a ver a Bogotá.

—Tú la viste, pero yo le tomé las medidas —dijo.

De todas formas me dijo que se había sentido decepcionado ya que no había sucedido nada, ni siquiera quiso subir a su avión. Acaso lo dijera por caballerosidad, porque era un hombre muy caballeroso.

—Estamos celebrando el final de la carrera del soltero número uno de Panamá —me dijo . Rory se casa el 27 de diciembre.

Él mismo se había casado a los veintitrés años. Afirmó que no se arrepentía en absoluto, aunque había tenido sus dificultades. Su joven esposa descubrió el escondite de sus cartas de amor.

—No se puso histérica, fue histórica —dijo.

Se encontró virtualmente prisionero en su casa y hubo de recurrir a Rory para que acudiera a rescatarle.

El tiempo pasó rápido con la ayuda del Black Label. Cerca de las nueve, Chuchu me habló en voz baja y apremiante. Tenía que irse al aeropuerto a recibir a su exmujer y a sus hijos.

—Ven conmigo, Graham. Por favor —me suplicó.

Pero yo me sentía a gusto y no estaba dispuesto a moverme.

—Entonces, haz el favor de dejarme tus lentes de sol.

—¿Para qué? Si afuera está como boca de lobo.

—Para ocultar mis lágrimas —dijo.

El General habló de la guerra de los plátanos, hacía ya algunos años, entre la United Fruit Company y los países productores de plátanos. Uno a uno fueron llegando a un acuerdo con la compañía hasta encontrarse Panamá resistiendo en solitario.

—La compañía dijo que estaba dispuesta a ofrecerme tres millones de dólares. Si me hubieran ofrecido dos Miss Universo quién sabe...

A las diez me sentía ya incapaz de seguir bebiendo y el General había desaparecido. Rory dijo que me enviaría a casa en su coche. Le pedí que diera las gracias en mi nombre al General.

—Creo que está con una joven —me dijo.

Metieron al señor V. en el asiento de atrás. Estaba completamente embriagado y no pude entender una sola palabra de lo que me dijo de camino al hotel.

Ya en la cama seguía embargándome aquella sensación de felicidad. Panamá aún no tenía moneda oficial, el dólar era la única que se manejaba. Pero el General había prometido que muy pronto Panamá tendría su moneda, una vez hubiera quedado resuelta la situación del Canal. Entre sueños pensé en la acuñación de la futura moneda de Panamá. ¿No sería lo propio grabar en una de las caras la imagen del General y en la otra la de Chuchu, las imágenes de dos románticos que confiaban el uno en el otro más de lo que pudieran hacerlo en mujer, político o intelectual alguno?

XIII

Chuchu apareció en mi hotel con los dos atractivos e inteligentes hijos que había tenido con la mujer que más amaba. Más adelante, en cierta ocasión, después de otro matrimonio y otro hijo, me hizo tristemente una reflexión.

—Por desgracia, ella no era una mujer limpia.

Pienso que se refería tan solo a que no se preocupaba demasiado de tenerlo todo ordenado y pulcro. No se había comportado como «mujer de su casa».

Una vez más intentamos ir en avión a Bocas del Toro, la isla que había llegado a obsesionarme casi tanto como la aldea de Nombre de Dios y, por suerte, fracasamos una vez más. Así que en su lugar llevamos a los niños por la autopista Interamericana (interrumpida hacia Colombia), hacia el inmenso y desértico espacio que en los mapas aparece de color verde y que marca la densa y enmarañada selva de Darién, la reserva de numerosos indios. Había quienes querían construir un nuevo canal a través de la selva, entre ellos ingenieros japoneses, desbrozándola a tal fin con sistemas nucleares, pero el General se había negado con firmeza a semejante proyecto.

—No sabemos cuántos millares de indios podrían resultar muertos o desplazados.

En las lindes de esa inmensa reserva se había construido la presa Bayano con la ayuda de los yugoslavos. Llegamos a ella después de haber almorzado en un puesto de reclutamiento militar. Era domingo y por tanto día de visita de las familias. Aquello me recordó a mi colegio inglés el Día del Fundador, con las madres solícitas y orgullosas y los muchachos desazonados.

La presa había obligado, al menos, al desplazamiento de una aldea india, que ahora yacía bajo las aguas. Acudimos al nuevo emplazamiento de la aldea y en la choza de las asambleas fuimos recibidos por el jefe, un anciano con una enorme dignidad que llevaba dos plumas en el sombrero y un amplio tejido verde echado sobre uno de los hombros. Cierto número de aldeanos se encontraba sentado en el suelo y escuchaba en silencio mientras un intérprete exponía las quejas del jefe contra el Gobierno.

Se nos dijo que el Gobierno no había cumplido sus promesas, el pago que se les había garantizado para su reinstalación llevaba ya tres meses de retraso. Su traslado a la nueva aldea se había llevado a cabo demasiado tarde para poder plantar. Estaban escasos de azúcar y grano. Los animales salvajes que solían servirles de alimento habían huido con los trabajos en la presa y todos los peces del río habían resultado muertos. Si recurrían al General habrían de hacerlo en coordinación con todos los jefes indios, y el hombre que probablemente saldría elegido como representante era uno malo, que no movería un dedo para ayudar a su pueblo. Prometimos al jefe que hablaríamos directamente con el General y él nos creyó, aunque tal vez con cierto escepticismo.

Los hijos de Chuchu escuchaban con una gran seriedad. Todo aquello les debía de parecer muy diferente de su hogar en los Estados Unidos y de su padrastro en el campus. Chuchu también era profesor, pero su uniforme militar y sus galones de sargento debían de darle un aspecto muy diferente del de los profesores que solían ver en los Estados Unidos. Chuchu sondeaba a su hijo con gran inteligencia. «Dime lo que piensas», solía decirle, y también «Dame tu parecer sobre esto», y su hijo respondía rápidamente con pequeños aforismos.

De regreso en Ciudad de Panamá, Chuchu y yo nos encaminamos sin ganas al Holiday Inn, porque era lo más cercano, para tomarnos tres ponches de ron cada uno, bastante malos por cierto, como ya nos temíamos, así como para discutir planes para el día siguiente. Iríamos en un helicóptero del Ejército a una de las islas San Blas en el Atlántico, donde según Chuchu las langostas eran muy buenas y los indios Cuna llevaban una vida independiente. Luego fuimos a cenar a El Marisco y Chuchu se dio cuenta de que había olvidado los lentes y se fue a buscarlos. Pero, de hecho, había olvidado algo más que los lentes, ya que volvió con «la muchachita» a la que no podía dejar. Era encantadora y ni mucho menos tan tonta como él parecía dar a entender.

XIV

En Ciudad de Panamá nunca hacíamos nada como lo habíamos planeado. En vez de trasladarnos en helicóptero a las islas San Blas, fuimos de compras, porque el General quería que nos reuniéramos con él en casa de Rory mientras almorzaba, pues aborrecía comer solo. Pensé que debía intentar cambiar sus gustos respecto al whisky. Compré una botella de whisky irlandés para enseñarle a hacer café irlandés y me enteré de que ni siquiera sabía que en Irlanda se elaboraba whisky. Llevé también una botella de Glefiddich en oposición a su Black Label favorito. También le entregué uno de los tesoros que guardaba en mi agenda de bolsillo, un billete falso de un dólar que en el reverso llevaba impresa propaganda contra la guerra en Vietnam. Eso le satisfizo más que el whisky, pues permaneció fiel al Black Label hasta el final. Hubo también regalos de despedida, porque al día siguiente yo tomaría el avión que había de llevarme a Ámsterdam.

Le hablamos de las quejas indias en Bayano y prometió que serían atendidas, entregando las notas de Chuchu a su secretario. Luego hablamos de todo un poco, mientras se tragaba aquella comida sencilla, casi sin saborearla, con ayuda de agua. Ya no era domingo. Hablamos sobre sueños; el General rara vez recordaba los suyos y cuando lo hacía eran sumamente perturbadores, como el referido a su padre muerto. Sobre mujeres («Cuando se es joven, uno se come cualquier cosa, luego ya se hacen distinciones»), de premoniciones que con frecuencia lo atormentaban. Sus premoniciones solían ser sobre su propia muerte violenta. Le hablé de lo espantosas que me parecían aquellas figuras de Walt Disney en las vías de comunicación de la República, donde se encontraban los nombres de las aldeas y las ciudades.

—La próxima vez que los estudiantes quieran manifestarse en contra de los Estados Unidos, ¿no podrías sugerirles que quemaran todos esos Pato Donald?

Desgraciadamente, mi insinuación no fue tomada en cuenta. Aún siguen allí.

Mientras hablábamos, el solitario periquito nos observaba desde su jaula.

—Jamás cantará sin una compañera —dije a Torrijos

—Claro que lo hará —me rebatió.

Entró en la habitación contigua y sacó un pequeño casete. Había grabado el canto de un periquito y lo hizo sonar para el ave solitaria, que al punto rompió a cantar en respuesta. «¿Cómo es posible no simpatizar con este hombre?», pensé.

Aquella noche, Chuchu y yo fuimos a un restaurante al aire libre, el Panamá. El Pacífico se extiende ante él como oscuro césped, y las estrellas parecen más brillantes y cercanas de lo que jamás lo estuvieron en casa. Teníamos que reunirnos con su exmujer y sus hijos y, mientras esperábamos, Chuchu me la describió como la mujer más bella que probablemente hubiera visto nunca. Sabía que se sentiría tan triste al separarse de ella después de la cena que, para calmarse, había preparado una cita a las diez y media con una prostituta en la esquina de cierta calle. «La muchachita» que tenía en casa sería absolutamente incapaz de calmar su infelicidad.

Llegó la exmujer de Chuchu. Era guapa, inteligente y, sin duda, muy atractiva, aunque desde luego no llegaba a encarnar la imagen del sueño de Chuchu. Se había hecho acompañar, creo que a modo de barrera frente a las atenciones de Chuchu, de una joven y bonita doctora que rebosaba suspicacia por todos los poros. Chuchu se había enfundado su mejor uniforme, peinado su indómito pelo y se disponía a encantar a su hija de trece años. Al igual que Chuchu era una romántica. Al cabo de unos años un amigo mío la encontró en Nicaragua, vestida de caqui y con un revólver en la cadera.

Durante toda la cena, Chuchu estuvo hablando de su soledad en Panamá. Había relegado al más completo olvido a la mujer rica y a su bebé, a «la muchachita» que lo esperaba en casa, a la prostituta, que ya estaría en camino hacia el lugar de su cita.

—Cuando vuelvas a Estados Unidos déjame al menos a mi hija —dijo con acento suplicante a su antigua mujer.

Su hija, tomándole la mano, lloró por aquel hombre solitario que se sentaba a su lado. Esa noche no era el profesor, era un soldado. Su hermano pequeño era más duro de pelar y al punto enunció orgulloso un «pensamiento», tal como su padre le había enseñado.

—No puede sentirse solo teniendo al mundo entero en su mente.

La doctora observaba con cinismo la representación de Chuchu y la niña lloraba sin parar.

Yo estaba furioso con Chuchu y se lo reproché mientras me llevaba de nuevo al hotel.

—No tenías derecho a atormentar a tu hija con todas esas historias de tu soledad. ¡Soledad! ¿A qué llamas tú soledad?

—Pero es que de veras me siento solo —alegó. Detuvo el coche en una esquina y recorrió la calle con la mirada—. Se ha ido. Hemos llegado casi con una hora de retraso —dijo.

Al día siguiente comí por última vez con Chuchu en El Marisco, mi despedida de Panamá, comida que no permitió pagar su propietario vasco. Fue muy ligera y elegante; consistió solo de los lomos de pescado en aceite y un vino chileno de una cosecha que no pertenecía a la época de Pinochet.

No creí que volviera a ver a Chuchu, al General o a Panamá, pero seguía atormentándome la novela que jamás escribiría y en los meses que siguieron escribí trozos de diálogo, aunque no el diálogo que escuchara de viva voz.

—Ustedes nos juzgan —decía el General, no dirigiéndose a mí sino a la reportera de *A la vuelta*—. Nos llaman latinoamericanos porque no escudriñan en su propio y profundo ser, donde también podrían encontrarnos a nosotros.

—¿Quién fue el primer latinoamericano? Cortés... no, Colón. Colón permaneció en su carabela, en la Bahía Portobelo sin querer desembarcar. Era viejo, como Europa.

Pero había una frase genuina en el diálogo del General que aún seguía atormentándome por su misterio. ¿Qué quiso dar a entender cuando dijo «Tú y yo somos autodestructivos»? Era como si hablase un amigo que me conociera mejor que yo mismo.

Segunda Parte (1977)

I

De nuevo en Francia la novela *On the Way Back* (*A la vuelta*) me asediaba día y noche. Aquellos personajes que yo, erróneamente, había sacado de la vida, no me permitían un instante de reposo. Recordaba de manera constante la fanfarronada de Chuchu: «Yo no moriré jamás». Su completa teología: «Creo en el demonio. No creo en Dios», y la forma que tenía de demostrar la existencia del demonio empujando la puerta giratoria en sentido contrario. El General y Chuchu seguían viviendo allá lejos, en Panamá, y se negaban a convertirse en personajes de mi novela. Y Panamá... había tantas cosas de aquel pequeño país que había quedado sin ver y parecía en extremo improbable que alguna vez pudiera hacerle una segunda visita. No había llegado tan lejos como Colón, hasta la poco apetecible isla de Bocas del Toro; Nombre de Dios existía tan solo en una representación al aire libre y en un poema. Y no habíamos logrado entrar en la Casa Embrujada. Creo que a través de mi amigo Diederich me llegó la noticia de que el señor V. había muerto, pobre hombre, de un ataque cardíaco. ¿Acaso fue excesivo para él el Black Label durante aquella última fiesta? En la novela que ya empezaba a desesperar de escribir algún día era esencial que siguiera con vida, porque habría de desempeñar un papel importante. Después de morir Chuchu al estallar la bomba en su coche..., ¿tal vez en David...?, el General tiene que enviar al señor V. en un helicóptero para recoger a la joven y conducirla de nuevo a Ciudad de Panamá. Y precisamente en compañía tan poco agradable la periodista sobrevuela todos los lugares que ella y Chuchu planearon visitar «a la vuelta».

Durante los meses que siguieron plasmé sobre el papel las dos primeras páginas del libro sentenciado. Marie-Claire, la periodista francesa, llegaba para ver al General, como yo hiciera en aquella primera ocasión.

Se encontró rodeada de rostros medio indios, en el pequeño patio de una blanca villa suburbana. Todos los hombres llevaban revólver al cinto y uno de ellos tenía en la mano un *walkie-talkie* que mantenía fuertemente apretado contra la oreja, como si esperara, con el fervor de un sacerdote, que uno de sus dioses indios hiciera una revelación. Pensó que aquellos hombres eran tan extraños para ella como posiblemente lo fueran los indios para Colón cinco siglos antes. El camuflaje de sus uniformes semejaba pinturas trazadas sobre piel desnuda.

No había llegado mucho más lejos con el libro cuando una noche, mientras me disponía a acostarme, sonó mi teléfono en Antibes. Era la voz de Chuchu, que hablaba desde Panamá.

—¿Cuándo llegarás?

—¿Qué quieres decir?

—El General quiere saber cuándo llegarás.

—Pero...

—En la KLM te espera tu boleto de avión.

O sea que, después de todo, voy a volver a ver Panamá, pensé, al tiempo que sentía una cierta felicidad.

En aquella ocasión volé desde París hasta Ámsterdam a fin de alcanzar el vuelo de la KLM, y a la mañana siguiente me encontraba bebiendo de nuevo Bols mientras sobrevolábamos el Caribe. Escribí en mi Diario: «21 de agosto. Formaciones altas de nubes sobre Trinidad. La soberbia costa montañosa de Colombia y luego la densa selva de Darién. Chuchu me recibe en el aeropuerto».

Era como si jamás me hubiese ido. La vida empezó a adaptarse, sin dificultad alguna, al ritmo de Panamá. La siesta, pésimos ponches plantador con Chuchu en el Holiday Inn, fiel de nuevo a mi whisky en el hotel, una buena cena por parte del patrón vasco en El Marisco. Sin embargo, se habían producido cambios importantes y Chuchu me puso al día sobre ellos. Su propia vida no había seguido invariable. La muy amada exmujer de Chuchu había abandonado a su marido estadounidense, pero escribió a Chuchu diciendo que no pensaba volver con él (y me inclino a pensar que ello fue para Chuchu un gran alivio), porque cuando estaba con él no se sentía libre.

—Está intentando ser algo en un cien por cien, cuando lo que realmente quiere es ser un cincuenta por cien... libre a medias, inteligente a medias... —dijo Chuchu.

Seguía sus relaciones con la refugiada argentina, pero ahora ella solía golpearlo a veces, impulsada por los celos.

¿Y el General? ¿Cómo estaba el General? Chuchu me dijo que se sentía muy desdichado por las condiciones que finalmente había tenido que aceptar del Tratado sobre el Canal, dormía mal y ni siquiera bebía durante los fines de semana, lo que era muy mala señal. Chuchu se mostraba decididamente partidario de que los estudiantes se manifestaran en contra de la Zona antes de que el Senado americano se reuniera para examinar el Tratado, solo para demostrarles que Panamá no estaba dispuesta a aceptar cambio alguno introducido por ellos. Pero lo que en realidad le preocupaba era el hecho de que tal vez el General se estuviera desplazando algo hacia la derecha.

Yo había publicado un artículo en la *New York Review of Books* sobre «El País de las Cinco Fronteras», donde decía que algunos de los altos jefes de la Guardia Nacional disfrutaban de privilegios especiales. Así, por ejemplo, en la cuestión de alojamiento porque, como el General me había dicho: «Si no les pago yo, lo hará la CIA», y describía al coronel Flores allí sentado, masticando chicle durante la asamblea en El Chorillo. Chuchu había traducido mi artículo para un periódico panameño, preguntando previamente al General si debería omitir mi referencia a los oficiales de la Guardia Nacional. «No. No cambies una sola palabra de lo que ha escrito», le había contestado el General. Desde luego aquello no facilitaría demasiado mis futuras relaciones con el jefe del Estado Mayor. Confiaba en que mientras me encontrara en Panamá no tendría lugar un golpe de Estado.

Chuchu me planteó el problema de la siguiente forma:

—Claro que existe corrupción entre algunos de los altos mandos. Ya conoces la historia de aquel hombre que intentaba limpiar su retrete con uno de esos trastos de goma y no adelantaba nada. Otro hombre le dijo: «De esa forma jamás lograrás limpiarlo.

Tienes que coger la mierda con las manos y sacarla». El General tiene que meter las manos en la mierda.

Al día siguiente, el General envió su avión para que nos recogiera y nos llevara a su casa en Farallón, en la costa del Pacífico, para almorzar.

—Prepara un maletín de mano. Creo que hoy no volveremos a la ciudad —me advirtió Chuchu.

Tenía razón. Junto a la casa se encontraba estacionado un helicóptero y en él dejamos las maletas.

Después de lo que Chuchu me había dicho, me sorprendió ver lo tranquilo, rejuvenecido e incluso feliz que parecía Torrijos. Me recibió llamándome por mi nombre de pila y dándome un abrazo, yo le seguí la vena y, desde aquel momento, para mí fue Omar. Me dijo que le había gustado mi artículo y añadió: «Me describes como una persona real y no como una computadora». Prosiguió diciendo que las negociaciones sobre el Tratado habían sido muy arduas y agotadoras. Los americanos las habían iniciado con la idea preconcebida de no renunciar a nada. Ahora ya habían finalizado y la cuestión se encontraba en manos de los dioses, o sea, del Senado. Hacía algunas noches había tenido un sueño extraordinariamente vívido. Había comenzado la guerra de guerrillas que en cierto modo él deseaba. Se encontraba en la selva y descubría que no llevaba sus botas. Se sentía terriblemente humillado porque iban a capturarlo, recién iniciada la guerra, solo por no llevar botas.

Después del almuerzo, pusieron en marcha el motor del helicóptero, pero el General nos condujo hasta un coche y él mismo tomó el volante. El helicóptero estaba vacío, exceptuando nuestras maletas. El cambio de última hora fue por razones de seguridad, una medida encaminada a evitar un final violento, idea que siempre rondaba su mente, como ahora creo comprender. En el coche íbamos cinco, el General, yo, Chuchu, el secretario del General y una joven amiga, una cara bonita con algo de sangre china en las venas. En aquel primer encuentro me pareció algo afectada y supuestamente intelectual. Estaba estudiando sociología en Estados Unidos, especialidad que se alimenta de banalidades y jerga abstracta. Sin embargo, me había equivocado completamente con ella. Tenía inteligencia y valor, ternura y lealtad, y era beneficiosa para Omar.

Al parecer, íbamos a pasar la noche en Santiago y al día siguiente nos recogería el helicóptero que nos conduciría a David y luego a una plantación bananera panameña, la única de la que era propietaria la República. Estaba rodeada de plantaciones de propiedad estadounidense.

Santiago era el lugar de nacimiento del General. Mientras conducía, me fue contando que a los dieciséis años había intentado huir de casa con una joven y había cogido el coche de su hermano mayor.

—Tuve suerte —me dijo—. La Policía me detuvo cuando abandonábamos Santiago. Ahora me encuentro a veces con aquella chica por la calle. Se ha convertido en una mujer gordísima.

Ya en la entrada de Santiago nos paramos en casa de un propietario de camionetas, viejo amigo de Omar. El hombre había descubierto recientemente algunas magníficas gargantillas de oro en una tumba que excavaba en secreto. Afirmaba que tenían una antigüedad de cuatro mil años y el General le había aconsejado que las mantuviera ocultas hasta que él pudiera lograr que el Gobierno le pagara un precio justo. Luego entramos en Santiago y el General nos mostró la pequeña casa de madera de su padre, el maestro, y de su abuelo. Se sentía feliz y a gusto en aquella pequeña casa de pueblo. No tenía sentido «darse importancia».

Nos dirigimos a casa de un mecánico de garaje con el que había ido a la escuela y nos sentamos en mecedoras al aire libre, mientras acudían los vecinos, que también se balanceaban y bebían del whisky discretamente provisto por Omar. Antes de que llegáramos allí, me había dicho que en una visita anterior había acusado a aquel amigo de borracho: «Es porque no he ido a recibirte al aeropuerto, pero ¿quién de los dos es más feliz? Yo, si quiero, puedo beber durante todo el día y a nadie le importa». En un momento dado, cuando su amigo no podía oírnos, Omar me dijo: «Si me hubiera quedado aquí, mi horizonte no se extendería más allá de este porche», pero en su voz había una nota de excusa, como si le abrumara cierta sensación de culpabilidad por su huida.

Después de la charla sobre el pasado, la conversación derivó, de forma inevitable, hacia el Tratado. El amigo del General, el mecánico de garaje, no compartía su decepción ante las condiciones.

Luego llegó una maestra con algunas de sus alumnas de más edad y el General habló con ellas, no para ellas. Aquella noche anoté en mi diario:

Jamás le oí hablar a nadie con tono de superioridad, ni siquiera a un niño de cinco años. Bromeaba toscamente con los campesinos, aunque a veces también lo hacía con nosotros. Pregunté a la escolar de más edad, una muchacha alta, de unos diecisiete años, qué debería hacerse en el caso de que se ratificase el Tratado y la joven me contestó sin la menor vacilación: «Cualquier cosa antes de que vuelva a correr la sangre por las calles».

Después de cenar charlamos de cosas más frívolas. Omar no daba señales de dejar de beber, aun siendo lunes y no fin de semana. La conversación derivó a temas sexuales. Ahora no recuerdo a qué aspecto me referí de los sentimientos o preferencias de una mujer, pero lo que sí recuerdo es que Omar se mostró en absoluto desacuerdo conmigo. Su joven amante respaldó mis opiniones y el General se quejó, diciendo con una sonrisa:

—Estás trastornando mi paz doméstica.

Fue una velada feliz y alegre, no ensombrecida por dudas sobre el Tratado.

II

Después del desayuno, el General recibió a dos visitantes de la ciudad, un joven y su madre. Escuchó con amabilidad y paciencia su interminable historia. Era una de tantas situaciones tristes. El marido de la mujer había muerto recientemente y el muchacho no tenía trabajo. Resultó más fácil solucionar sus problemas que los de Mr. Bunker. Omar escribió dos notas para ellos. Una dirigida al municipio, pidiéndoles que rebajaran el alquiler de la madre, la otra al gerente de una fábrica de azúcar de caña, ordenándole que empleara al muchacho. A mí me dio la impresión de que el General ponía en práctica una forma directa de democracia, aun cuando los enemigos del General lo hubieran calificado de populista, palabra comúnmente mal empleada en la actualidad y utilizada en sentido despectivo. (En mi *Oxford Dictionary*, edición de 1969, el vocablo tiene dos acepciones: «Miembro de un partido político de los EEUU cuyo objetivo es el control público de ferrocarriles, etc.», o bien «Miembro de un partido político ruso que preconiza el colectivismo»).

Para entonces ya había llegado el helicóptero con nuestras maletas y, dejando allí el coche, volamos a David y, después de una breve parada, nos lanzamos a la búsqueda de la plantación platanera de tan difícil localización. Rodeada como estaba por las plantaciones propiedad de United Brands, denominación con la que la United Fruit Company intentaba evadir su detestable pasado, resultaba en extremo difícil distinguir unas de otras a mil pies de altura, con el resultado de que aterrizamos por dos veces en plantaciones estadounidenses.

Al principio, Omar simuló haber aterrizado a propósito y preguntó por dónde se iba a la escuela, donde fue recibido con cierto asombro por el maestro y con verdadera excitación por los alumnos. Habló un poco con los niños y examinó sus libros escolares. Los campesinos se agolparon ante la puerta. Pregunté a uno de ellos qué habría que hacer si no ratificaban el Tratado. «Luchar, naturalmente», y su compañero emitió un gruñido de asentimiento. Al parecer, en aquella aldea enclavada en una propiedad estadounidense, la gente había luchado en vano, durante largo tiempo, para que se abriera una escuela. A cualquiera que clamara por la escuela, la compañía americana lo tachaba de comunista y muchos fueron enviados a la cárcel en Estados Unidos, de forma absolutamente ilegal, ya que la plantación no se encontraba dentro de la Zona. En cierta ocasión se ordenó a un capitán de Policía que golpeara a los aldeanos, a lo que él se negó. Ahora ya tenían su escuela pero el espíritu beligerante perduraba.

Allí se formularon al General algunas preguntas inteligentes respecto al futuro, cuando de acuerdo con los términos del Tratado una gran parte de la Zona americana revirtiera inmediatamente a Panamá, con la sola excepción de las bases militares. El General les aseguró que no se permitiría la construcción de edificio particular alguno. Aquella parte de la Zona que lindaba con el barrio más pobre de Ciudad de Panamá, conocido con ánimo satírico como Hollywood, sería transformada en parque público. También tenía proyectos para un orfelinato.

—No vamos a permitir que a los terratenientes blancos los sustituyan otros de piel achocolatada.

Recibía con agrado las preguntas directas de su propia gente. Solo le molestaban cuando se las hacían los periodistas. Recuerdo su contestación a un periodista que le preguntó si era marxista.

—Una entrevista no es un confesionario. No tengo por qué decirle cuáles son mis ideas. ¿Tendré que preguntarle yo si es usted pederasta?

A mí se me ocurrió que si el General era populista yo preferiría el populismo en Panamá al marxismo, al conservadurismo o al liberalismo.

Regresamos al helicóptero y de nuevo tomamos tierra en otra plantación que resultó ser también americana. Para entonces, el General, que ya había desistido de encontrar el camino en helicóptero, telefoneó pidiendo un coche. El calor era sofocante y tuvimos que esperar largo rato. A la llegada del coche, Chuchu se vio desbordado por el enjambre de chiquillos que se precipitaban hacia el General, decididos a hablar con él y a tomarlo de los brazos.

Una vez en la plantación panameña anduvimos sin cesar a través de las hileras de plátanos. Recordé que en cierta ocasión, en Jamaica, el encargado de una plantación me dijo que el crecimiento del plátano producía una extraña fascinación muy especial. Pero estaba demasiado cansado para comprenderlo bien. Después, en un almuerzo de bufé en el que solo servían agua como bebida, un maestro negro recordó al General que cuando tenía catorce años y le robaron la bicicleta fue a ver a Omar, quien por entonces no era más que un joven comandante de la Guardia Nacional, y él le dijo que en la Jefatura de Policía había un montón de bicicletas que nadie reclamaba, así que le dio una nota para que la Policía le permitiera llevarse la mejor. El maestro terminó la historia diciendo: «Ahora tengo ocasión de darle las gracias». ¿Acaso por entonces el joven comandante Torrijos era ya populista o tan solo una persona cariñosa a la que le gustaban los niños?

Regresamos a David en helicóptero todos nosotros, incluso Omar, silenciosos y fatigados. Él se fue al apartamento que tenía en un rascacielos y Chuchu y yo nos dirigimos a un hotel. Decidimos que ya habíamos tenido suficiente programación. Al día siguiente nos iríamos en coche por nuestra cuenta.

Era una oportunidad para visitar de nuevo la Casa Embrujada de vuelta a Ciudad de Panamá, y aun cuando no era domingo llegó el viejo mientras nos encontrábamos en el bar. Iba muy encorvado y tenía un ojo gacho que miraba solo al suelo. Dijo que no podía dejarnos ver el interior de la Casa Embrujada pues no llevaba las llaves. Y además, no había nada que ver. ¿Un fantasma? La gente siempre inventaba cosas por el estilo cuando una casa estaba vacía.

Podía haberle preguntado: «¿Por qué ha permanecido vacía durante cuarenta años?», pero todavía esperaba que nos dejase entrar en ella.

—De todas maneras nos gustaría echarle un vistazo. ¿Cuándo podríamos hacerlo? —le dije.

—¿Cuándo volverán a pasar por aquí?

—Podemos venir en cualquier momento que nos diga. ¿Qué la parece el domingo?

—Bueno...

—¿A qué hora?

—A las tres en punto.

—Muy bien.

—Pero no les garantizo nada.

Estábamos seguros de que no pensaba aparecer por allí el domingo, así que planeamos aparecer inesperadamente al día siguiente a las cinco.

Ya en la ciudad Chuchu y yo nos dirigimos al Señorial, donde Flor nos hizo unos excelentes ponches de ron. Su honradez e inteligencia seguían impresionando a Chuchu.

La vida sexual de Chuchu no marchaba bien. Su amiga —yo entonces no sabía cuál era— estaba embarazada y a punto de dar a luz. Solo le faltaban tres semanas.

—Ahora empieza a aborrecerme —me dijo.

Le sugerí que quizás estuviera demasiado avanzado en su embarazo para hacer el amor, pero contestó que esa idea era inaceptable.

—No, ni hablar. Ella es muy lista y se las arregla muy bien —afirmó.

Hasta entonces yo solo había conocido a dos de sus hijos. Creía que al menos tenía otros dos de un matrimonio anterior. Y desde luego también estaba la chiquilla de la poeta que tenía un refrigerador. Y el que estaba a punto de llegar. Pero jamás llegué a saber los verdaderos orígenes de la familia de Chuchu ni el número de sus hijos. Y él, por su parte, tampoco estaba muy seguro. A un amigo que se lo había preguntado le contestó: «Creo que unos doce».

Antes de cenar nos reunimos con una pareja chilena que Chuchu calificó de ultraizquierdista. El hombre lucía esa especie de bigote caído y bienintencionado que, con frecuencia, parece ser un distintivo del ala izquierda, al igual que un bigote corto, al estilo castrense, corresponde a la derecha. Chuchu había rescatado a aquel individuo en cierta ocasión, al ser acusado falsamente, o al menos eso decía, por la G-2 (la Policía de Seguridad) junto con un líder cristiano demócrata. Se escondió para evitar que lo detuvieran y Chuchu presentó su caso al General. Este dio un veredicto propio de Salomón. Una de dos. Aquel hombre debería abandonar el país e irse a Costa Rica, en el propio coche del General, para mayor seguridad, o entregarse a la Policía acompañado de Chuchu, para garantizar que no recibiría malos tratos. Se decidió por la segunda alternativa y lo condenaron a un mes de cárcel, aunque no en la prisión sino en el confortable apartamento para refugiados de Chuchu, la Casa del Pichón. Durante la cena en El Marisco la mujer me aseguró que en realidad no eran ultras. Habían huido de Chile a raíz del levantamiento de Pinochet.

Por una curiosa coincidencia, el jefe de la G-2 se encontraba cenando aquella noche en El Marisco, en un salón privado. Chuchu quiso presentármelo, pero la pareja pareció aterrada por la idea.

—En otra ocasión —suplicó el hombre del bigote desmayado—. No lo haga mientras esté con nosotros.

Durante aquella velada Chuchu describió un atraco en pleno día que había presenciado en la ciudad. Dos turistas estaban siendo vapuleados en una calle de la ciudad vieja cuando él pasaba por allí con su coche. Lo paró y ya se disponía a disparar al aire, pero los hombres huyeron nada más ver el arma.

—¿Por qué no les disparaste a las piernas? —pregunté.

—¿Por qué habría de herirlos? Solo buscaban dinero. Eran pobres.

Así era Panamá.

Al día siguiente fuimos a Punta Chañe, un proyecto extraordinario respaldado por el Bank of Boston. Se había proyectado un sistema de calles en extremo elaborado, con cruces y señales con luz eléctrica, carteles indicando el futuro enclave de hoteles y bancos. Pero, ni siquiera habían colocado la primera piedra. La carretera y los cruces conducían tan solo hasta uno o dos chamizos junto al mar y no se veía que hubiera trabajo alguno en marcha. Luego, atravesando las colinas, llegamos a El Valle, donde según mi *South American Handbook* había árboles con troncos cuadrados y ranas doradas, un hermoso viaje que terminó con una gran decepción. No había troncos cuadrados por parte alguna y tampoco ranas doradas.

Hasta el momento y en aquella mi segunda visita, poco había visto a Omar. Tuve la impresión de que me dejaba solo de manera deliberada para que pudiera ver cuanto quisiera, para que llegara a conocer Panamá a mi manera, sin influencia alguna de su parte, para que estableciera mis propios contactos con los sandinistas y los demás refugiados que habían llegado a Panamá en busca de seguridad.

A raíz de mi regreso de El Valle tuve mi primer encuentro con los sandinistas. Un joven médico nicaragüense, Camilo, a cuyo hermano mató Somoza, nos invitó a cenar a Chuchu y a mí. Su hermano había sido líder de la guerrilla. Comandante Cero, título que pasó a su sucesor. Antes de llegar a la casa, Chuchu me había dicho que Somoza había jurado beber la sangre de Cero y que Camilo vivía ahora con la amiga panameña de su hermano, María

Isabel. Prometí no revelar que estaba al corriente de sus relaciones. Además Chuchu me dijo que en la pared vería colgada una fotografía del hermano muerto.

Desde luego la foto estaba allí, pero no mantenían secretas en modo alguno sus relaciones. La joven era bella e inteligente aun cuando, por algún motivo, existía antagonismo entre ella y Chuchu. Acaso este se sintiera algo celoso de su intimidad con el joven sandinista. Además Chuchu había nacido en Nicaragua y el abuelo de la joven fue presidente de Panamá y acaso la sangre maya se sintiera recelosa de la pura raza española. No tenía motivo alguno para dudar de la lealtad de ella por la causa sandinista, pero acaso la tuviera para desconfiar de su prudencia. A aquella cena asistía otro joven sandinista, Rogelio, matemático al igual que Chuchu. Estaba casado con una joven italiana, Lidia, y la amistad de Chuchu con ellos habría de complicar aún más su vida sexual, ya que se casaría con Silvana, la hermana de Lidia, y crearía una nueva familia.

Aquellos jóvenes sandinistas no eran refugiados de la lucha de guerrillas, formaban parte de esa misma lucha. De modo que ya existía por entonces un servicio de asuntos exteriores sandinista. De repente el joven doctor se ponía una corbata y un traje nuevo y se iba a México en misiones misteriosas. Cuando en cierta ocasión tropecé con él en el aeropuerto de Panamá y le gasté una broma sobre su elegante atuendo, me respondió con una seriedad inmensa:

—Si uno va bien vestido no examinan con demasiada atención su pasaporte.

A raíz de mi encuentro con Camilo y su amiga tuve la impresión de que los sandinistas me habían acogido. Incluso Chuchu desapareció prácticamente de la escena. En realidad se esfumó literalmente durante uno o dos días y por mi diario descubro que empecé a sentirme irritado al estar viendo siempre las mismas caras. Camilo y María Isabel, el matemático y su mujer, Lidia. Incluso los ultras aparecían una y otra vez. No tenía la menor idea de dónde estaba Chuchu. Incluso podría encontrarse en Nicaragua o en la frontera con Costa Rica desembarcando armas de su avioneta particular. Era como si me estuviesen empujando hacia una frontera que yo no quería cruzar o a favor de una causa que me era demasiado desconocida para poder respaldarla. Incluso Omar me había advertido del riesgo de atravesar esa frontera. Resultaría fácil que Somoza culpara de mi muerte a los sandinistas.

Aun así tuve motivos para sentirme agradecido a ellos ya que gracias a María Isabel encontré, en realidad, las ranas doradas en El Valle e incluso un árbol cuadrado, después de una larga y escabrosa excursión a través del bosque durante la que sufrí toda suerte de rasguños y arañazos. Pero lo más importante para mí fue que logró introducirme en la Casa Embrujada. Era domingo y habíamos proyectado volar a las islas de San Blas, pero en lugar de ello nos dirigimos al bar que había junto a la Casa Embrujada y lo encontramos abierto. Al cabo de unos minutos apareció el viejo.

—Deja que le hable yo —dijo María Isabel.

El viejo tenía las llaves en la mano, de manera que no podía despistarnos. Se había quedado sin coartada y María Isabel era una mujer hermosa. Le dijo que yo era un médium inglés que había hecho un alto en Panamá a la vuelta de una conferencia sobre espiritismo en Australia. Hasta mí habían llegado rumores acerca de su casa.

—No son más que bobadas.

—Aun así...

Consintió a regañadientes en enseñarnos «parte de la casa».

Alzó un cierre metálico y luego abrió la pesada puerta de acero. De repente nos encontramos en la sala de estar de la casa prácticamente a oscuras. No había luz y solo podíamos ver gracias a un encendedor. Es posible que no hubiera fantasmas, pero sobre la mansión planeaban los recuerdos. Había vitrinas adosadas a las paredes, que contenían porcelanas de China. Entre las vitrinas colgaban grabados victorianos con mujeres vestidas con trajes de muselinas transparentes, parecidos a reproducciones de Leighton. A través de una puerta abierta vi una pequeña habitación en la que había una cama de metal, las sábanas revueltas como si el ocupante acabara de levantarse de dormir. Salió volando de ella un murciélago.

—¿Sabe lo que hay ahí? —me preguntó el viejo señalando hacia el suelo de la sala de estar.

No tuve el valor de contestar:

—El esqueleto de una mujer.

Una vez en el exterior, la actitud del anciano se hizo más afable. Dijo que por allí había muchos fantasmas, ya que nos encontrábamos en la ruta del oro hacia Portobelo. Allí los españoles habían enterrado mucho oro y con él también a los indios que lo habían transportado. Sus espíritus luchaban contra cualquiera que tratase de desenterrarlo.

Al irnos le hice una señal con los dedos que pensé que podría considerarse masónica y él reaccionó llamándome hermano.

—Yo también soy médium. Pero yo soy consciente y usted es inconsciente —me dijo.

En un principio creí que me estaba acusando de ser un médium sin consciencia, pero María Isabel me lo explicó. Quería decir que él podía recordar lo ocurrido cuando salía del trance en tanto que yo no podía.

De súbito se dio cuenta de que había dejado entreabierta la puerta de acero y se deslizó hasta ella para cerrarla y echar un cerrojo doble.

Ausente Chuchu, fueron los sandinistas quienes planearon mi visita a Hollywood, los barrios bajos enclavados junto a la Zona americana. Me dijeron que era peligroso visitarlos sin el acompañamiento de uno de sus moradores. Pero uno de los suyos conocía a alguien que garantizaría nuestra seguridad.

Hollywood resultó ser un espantoso hacinamiento de casas de madera prácticamente hundidas en el agua de las lluvias, semejantes a embarcaciones encalladas, y de retretes comunales que exhalaban un hedor apestoso y se filtraban en las aguas que lo invadían todo. En una esquina resguardada, una mujer vieja se encontraba sentada vendiendo marihuana, mientras que un fumador, medio idiotizado por la droga, seguía nuestros pasos haciéndonos preguntas que no contestábamos y queriendo llevarnos allí donde nuestro guía y protector no quería ir.

Recordé asombrado los bien cuidados céspedes y los campos de golf, así como las cincuenta y tres iglesias que se encontraban tan solo a ochocientos metros de distancia, detrás de la frontera sin señalizar. Omar había pensado en arrasar Hollywood y construir casas de departamentos. En realidad había ya al menos una manzana de casas con corredores sin luces y muros rezumando humedad, zona que recorrimos con paso más nervioso y apresurado al comprobar que por allí no se veía un alma. Pero finalmente el General había renunciado. Los moradores de Hollywood estaban encariñados con sus rezumantes casas, que, a fin de cuentas, eran suyas, donde habían nacido sus padres y sus abuelos. Así que ahora hablaba de «mejoras» si un día se firmaba el Tratado, con condiciones sanitarias, agua corriente y luz eléctrica. Por mi parte no creía que fuera posible. Solo con tocar el muro de una casa, con intentar arreglar un tejado, lo más seguro era que toda ella se viniera abajo y se hundiera en el agua que la rodeaba.

Creo que tal vez fuera Hollywood lo que influyera en mi noche de pesadillas, soñando que me había peleado con la mujer que amaba y luego me encontré viajando en metro hacia las viejas oficinas del *Times*, en Queen Victoria Street, con la idea de pedir la dimisión, pero ¿qué derecho tenía a dimitir? ¿Acaso no había estado ausente durante meses, por no decir años, cobrando la totalidad de mi sueldo?

III

Al día siguiente volví a Colón con el joven médico sandinista que quería visitar el hospital de esa ciudad. También él había visto turbado su sueño aquella noche por pesadillas. Soñó con su hermano, que había resultado muerto a manos de los hombres de Somoza. En el sueño su hermano desaprobaba lo que Camilo hacía en esos momentos. Supongo que también sufría de un complejo de culpabilidad no más racional que el mío por encontrarse a salvo mientras en Nicaragua tenía lugar una bárbara guerra civil. En realidad, estaba trabajando para la causa siguiendo las órdenes recibidas.

Me habló algo de su hermano, que era más joven que él. Había aprendido ingeniería en la Siemens, en Managua, y al cumplir los diecisiete partió en vuelo escolar con dirección a Alemania. Sus padres jamás volvieron a verlo hasta que años más tarde la policía nicaragüense les convocó para que identificaran el cadáver del famoso Comandante Cero. No tenían la menor idea de que su hijo fuera el famoso Cero que asestara el primer golpe serio contra la tiranía de Somoza al secuestrar de un solo golpe a cierto número de embajadores y ministros del Gobierno a la salida de una fiesta, obteniendo de esa forma la libertad de catorce presos políticos, que huyeron todos ellos a Cuba.

Durante años mi nuevo amigo Camilo nada supo de lo que le estaba ocurriendo a su hermano después de que se fuera a Alemania, cuando todavía era un muchacho. Pero un día, de forma accidental, se lo encontró en México City y su hermano lo reclutó para el sector de propaganda del movimiento sandinista. Se enteró de su muerte en Panamá, por la radio.

Al volver a la ciudad tuve la satisfacción de comprobar que Chuchu estaba de vuelta, sano y salvo, aunque nunca llegué a saber de dónde venía.

—Lo malo de Chuchu es que mezcla la política con el sexo —me dijo Camilo.

Fuera verdad o no, ahora parecía tener una nueva amiga, la mujer de un gánster que se encontraba en el hospital como resultado de una refriega a tiros. A cualquiera le hubieran parecido unas relaciones más bien peligrosas y, para acabarlo de arreglar, durante una desordenada fiesta de nuestros amigos sandinistas, apareció una joven embarazada —¿se trataría acaso de la amiga de Chuchu?—, pero no parecía estar relacionada con ninguno de los presentes. Se gastaron bromas sobre quién podría ser el padre del niño.

—Él murió en Vietnam —dijo ella.

—Entonces hace ya dos años que estás embarazada.

—Quería decir en Corea.

—Entonces hace más tiempo todavía.

La muchacha señaló al joven matemático Rogelio.

—Bueno, ¿quién sabe? Pudiera ser —dijo él riendo.

Apremié a Chuchu para que aquella noche se mantuviera sobrio.

—Claro que estaré sobrio —me contestó, apostillando luego—: Jamás mezclo la política con el alcohol o el sexo.

IV

Las islas de San Blas, en número de trescientas sesenta y cinco, se encuentran en el Atlántico, por la parte de la costa de Darién. Sus únicos habitantes son los indios Cuna, que llevan una vida casi independiente. No pagan impuestos. Envían representantes a la Asamblea Nacional e incluso han negociado su propio tratado comercial con Colombia. A los turistas se les permite pasar una noche en dos de las islas. En las otras trescientas sesenta y tres los forasteros solo pueden pasar el día. En Panamá tienen en gran estima las langostas de San Blas y, sin embargo, a pesar de estar recién cogidas en el mar, encontré la mía dura e insípida.

Mucho más interesantes que las langostas eran las mujeres. Debieron de despertar un interés y una codicia inmensa en los conquistadores, ya que todas llevaban colgado un anillo de oro en la nariz y en una oreja. Nadie pudo decirme de dónde procedía el oro, porque en Panamá no existen minas de ese metal. Incluso en la época española, cuando las caravanas del oro hacían la ruta desde Ciudad de Panamá a Portobelo, el oro había de ser llevado a la costa del Pacífico desde Perú.

Era interesante observar a las mujeres, aparte de la riqueza de sus anillos y de su indumentaria, de un estilo similar al de las antiguas egipcias. Las jóvenes con el pelo largo estaban solteras mientras que las que lo llevaban corto eran casadas. Entre ellas se hacía distinción incluso en el uso de los instrumentos musicales. Cuando bailaban para nosotros por un precio ya fijado y muy moderado, las solteras tamborileaban con calabazas mientras que las casadas hacían sonar pequeños haces de caramillos. Contribuían a la economía de los Cuna bordando sobre unos recuadros de tela llamados molas que servían para la parte delantera de las blusas.

Aquel día yo iba acompañado de Camilo y Lidia, la mujer de Rogelio. Era el cumpleaños de ella y eligió una mola para que yo se la regalara, pero días más tarde se la robarían en extrañas circunstancias, típicas de la vida en Ciudad de Panamá.

Al anochecer vino a verme Chuchu y me dijo que Omar quería que yo fuera con la delegación panameña a Washington, cinco días después, para la firma del Tratado sobre el Canal, cuyas condiciones habían quedado definitivamente acordadas después de tantos años. El *Miami Herald* de aquella mañana alegaba que no era diferente del proyecto de tratado de 1967, propuesto antes de que el General tomara el poder. Sin embargo, era del todo falso. Quizá se tratara de un intento de los norteamericanos a fin de promover controversias internas contra Torrijos. Por el nuevo Tratado sería transferido inmediatamente a Panamá un territorio cinco veces mayor al que se estipulaba en el viejo proyecto. Bien es verdad que las bases militares estadounidenses permanecerían hasta el año 2000 y que solo entonces el Canal llegaría a ser propiedad absoluta de Panamá. No obstante, aparte de tales bases, la Zona dejaría inmediatamente de existir.

Me sentía reacio a ir a Washington. Había reservado boleto de avión para mi regreso y ya era hora de que volviera a Francia y me ocupara de mi trabajo habitual. Dije a Chuchu que no tenía visado para los Estados Unidos, una mentira piadosa pues eso ya no era verdad.

—Eso no importa. Tendrás un pasaporte diplomático, un pasaporte panameño —me aseguró.

—Es que no me interesa hacer otra vez el viaje de vuelta hasta aquí para coger el avión a Ámsterdam.

—No tendrás que hacerlo. El General te reservará pasaje para el Concorde que hace el vuelo directo desde Washington a París.

Dijo que el General ya empezaba a recibir ataques porque el Tratado no era tan bueno como la gente esperaba. Había hablado a los estudiantes diciéndoles: «Estoy haciendo cuantos progresos puedo, pero si no tengo el apoyo de los progresistas, ¿qué más puedo hacer?».

Finalmente cedí.

—Si el General quiere realmente que vaya —dije.

—Lo quiere de veras.

Aquella noche acudí a la residencia temporal de una escritora nicaragüense que había sido torturada por la Guardia de Somoza. El día anterior había tenido felizmente un niño. Hablaba poco por temor a las represalias que pudiera sufrir su familia y resultaba fácil adivinar por su atormentado rostro cuánto ansiaba olvidar el pasado. Pero en la habitación había otros que también habían sufrido y que estaban dispuestos a hablar. Una mujer argentina describió la tortura por medios eléctricos a la que había sido sometida. Otra argentina afirmó que le habían metido una bayoneta por la vagina. Un peruano habló de su expulsión, un nicaragüense de cómo había evadido una emboscada de la Policía. Para cuánta gente, para cuántos países de América Latina —Argentina, Chile, Nicaragua, El Salvador— no se habría convertido Panamá en un puerto de refugio, gracias al General. Desde luego no fue así en la época de la familia Arias.

V

Estaba pagando las consecuencias de mi búsqueda, a través de los bosques de El Valle, de un árbol con tronco cuadrado. Sufría una irritación en los tobillos que me mantenía despierto toda la noche de manera que, siguiendo los consejos de Chuchu, fui a ver a un joven doctor negro, en los cuarteles de la Guardia Nacional. Me dio algo para lavarlos, una crema y varias tabletas, y me aseguró que me había picado un diminuto insecto llamado *chitra*, con el que los Wild Pigs estaban muy familiarizados. Luego acudimos al aeropuerto a recibir a un productor de cine americano que estaba intentando establecer una coproducción para un filme antimilitarista. Le habían ofrecido ayuda en México, Colombia, Francia y Cuba, pero Panamá era el único país dispuesto a prestarle sus tropas.

Creo que se sintió confuso ante la exuberancia de Chuchu. No estaba acostumbrado a tratar con un policía de seguridad y que a la vez fuese profesor y poeta. Parecía ingenuo y desconcertado.

Camilo estaba también en el aeropuerto. Iba elegantemente vestido y tenía el aspecto perfecto de un joven doctor. Se disponía a volar hasta México D.F. con una misteriosa misión sandinista. Hacía unos días me había confiado una carta cuyo destinatario estaba en París, pidiéndome que la echara al Correo tan pronto como llegara a Francia, pero al enterarse ahora de que el viaje de vuelta lo haría desde Washington, se sintió muy preocupado por la seguridad de la misiva.

—No debes llevarla dentro del equipaje —me advirtió—. Con toda seguridad te abrirán las maletas en Washington. Prométeme que la llevarás siempre contigo, incluso por la noche.

Se lo prometí.

Llegó un hombre para hacerse cargo del productor de cine mexicano, que había estado escuchando con asombro creciente mi conversación con Camilo. Ese «alguien» iba acompañado de una mujer totalmente espantosa, una venezolana con el pelo teñido de rojo que, a todas luces, parecía perseguir a Chuchu.

En aquella ocasión logramos escapar con bien, pero en Ciudad de Panamá siempre vuelve uno a encontrarse con todo el mundo. Al igual que en una obra de teatro con elenco reducido, los mismos actores reaparecen continuamente en distintos papeles. En el transcurso de aquella confusa velada estaba previsto que conociera a un refugiado peruano pero, en el último momento, se canceló la cita. Así que sugerí a Chuchu que lleváramos a cenar a la mujer de Camilo, que tal vez se sintiera sola sin él. Por algún motivo que no llegué a comprender, Chuchu fue incapaz de encontrar la dirección de Camilo, aun cuando habíamos estado allí varias veces juntos, y por una razón todavía más inescrutable estaba convencido de que María Isabel nos telefonearía a la residencia del embajador de Panamá en Venezuela. ¿O era al contrario, el embajador de Venezuela en Panamá? Y estaba seguro de que este nos ofrecería una típica cena venezolana, aunque ignoro lo que querría decir con ello. Naturalmente María Isabel no nos telefoneó. Por el contrario, la que apareció fue aquella espantosa mujer venezolana. ¿Acaso Chuchu lo había previsto? El embajador no nos rogó que nos quedásemos a cenar. En realidad creo que no comprendía qué estábamos haciendo nosotros en su casa. Al salir nos tropezamos en la entrada con el productor de cine mexicano, quien, al vernos, pareció más desconcertado que nunca. Finalmente Chuchu y yo tomamos un poco de sopa de pollo en mi hotel.

Aquellos últimos días en Panamá fueron pasando cada vez con mayor rapidez y confusión. Hacía algunos días que no había visto a Omar. Era como si en el pasado hubiera estado dirigiendo los acontecimientos y ahora con su ausencia se introdujera el desorden en el que estaban mezclados un productor de cine mexicano, una mujer venezolana y la ocasional pérdida de memoria de Chuchu. A la mañana siguiente tuve que levantarme muy temprano porque Omar quería que volara hasta la aldea de Coclesito, en las montañas, para acudir a una granja colectiva de búfalos, algo realmente extraño en Panamá. La granja la había creado Omar, que también se había construido en los alrededores una pequeña casa a raíz de un aterrizaje forzoso en helicóptero en Coclesito y de haber visto el desesperanzador aislamiento y la pobreza de sus habitantes. Una riada había arramblado con sus escasas pertenencias y en ella se había ahogado el hijo del jefe. Nunca llegué a saber qué fue lo que sugirió al General la idea de crear una granja de búfalos. Pasó a recogerme María Isabel, que se lamentó amargamente de que Chuchu no había hecho más que crear confusión la noche anterior respecto a mi cita con el refugiado peruano. Y, ¿por qué, en nombre del cielo, habíamos ido a la residencia del embajador venezolano? Me pregunté si no sería posible que se hubiera debido a que Chuchu quería ver otra vez a aquella horrible mujer.

Chuchu se encontraba esperando en el aeropuerto la llegada de un avión militar que había pedido y con él cierto número de estudiantes de Guatemala, Ecuador y Costa Rica, acompañados por sus profesores. Era evidente que nuestra excursión para ver los búfalos era de tipo educativo. Pero esperamos y esperamos sin que llegara avión alguno. Al parecer al piloto, un oficial de las Fuerzas Aéreas, no le gustó recibir órdenes de un simple sargento.

Después de dos horas, enviamos un mensaje al secretario del General, informándole que ya era demasiado tarde para los búfalos y todos nosotros nos encaminamos al Ministerio de Cultura, donde se reunieron con nosotros los dos ultras y el matemático sandinista, Rogelio. Hubimos de sentarnos allí para ver una larga y aburrida película de bailes regionales panameños. Siempre he aborrecido los bailes regionales desde que, siendo muchacho, vi hombres practicando danzas Morris con tirantes. (Aquellas danzas parecían atraer, por una misteriosa razón, a sus mujeres, que vestían trajes de seda tornasolada comprados en Liberty's.)

Mediado el pase de la película requirieron la presencia de Chuchu para una misión urgente. Un profesor guatemalteco recomendado por el decano de la Universidad de Panamá (el mismo que se emborrachara con Chuchu en David) había sido al parecer detenido hacía unos días por la G-2 y acusado de intentar pasar billetes de dólares falsos en el Hotel Continental.

Después de la película, el ministro de Cultura, señor Ingram, nos invitó a María Isabel, a los ultras y a mí a almorzar, y mientras estábamos saboreando nuestros cocteles, llegó Chuchu con el rector de la Universidad de Panamá y el profesor guatemalteco, que acababa de salir de la cárcel. Era un hombre alto, pelirrojo y bien parecido, en cuyas venas corría sangre yanqui y alemana, que, como era lógico, se sentía algo confuso ante lo que le estaba sucediendo. En realidad, no se le había ocurrido esperar por un solo momento ese rápido traslado de una celda en la cárcel al mejor restaurante de Panamá, para beber cocteles y saborear un excelente almuerzo. Tampoco podía comprender qué hacía allí un escritor inglés, ya que al parecer había leído algunos de mis libros y desconfiaba de mí. Nos dijo que la Policía de la G-2 lo había amenazado con recurrir a la violencia y que había compartido la celda con otros siete hombres, dos de ellos violadores, habiendo asesinado uno de ellos a la joven violada, y también un parricida. No obstante todos ellos se mostraron muy cordiales y, recurriendo a sus conocimientos profesionales, lo ayudaron a enviar un mensaje fuera de la cárcel, mensaje acompañado por la carta de recomendación del decano de la Universidad de Guatemala. Al recibirlo, el General llegó a la conclusión de que todo aquel asunto era una conspiración de la policía guatemalteca contra un profesor conocido por sus ideas izquierdistas, de manera que ordenó al punto su libertad, aunque de manera discreta a través de Chuchu, llegando no obstante a la conclusión de que, de cualquier manera, sería prudente que el profesor regresara a Guatemala al cabo de algunos días de descanso. Lo que más adelante vimos del profesor me hizo dudar de que fuera tan inocente como aseguraba.

Aquel día continuó siendo uno de los más confusos que yo pasara en Panamá. Nada fue bien y pronto me empecé a sentir tan desconcertado como el profesor guatemalteco y el productor de cine mexicano. Chuchu y yo habíamos pensado en cenar juntos en esa ocasión, algo más sustancioso que una sopa de pollo.

—¿Te importaría que la joven delegada (la mujer del gánster) nos acompañara a cenar? Quiero dormir con ella esta noche —me dijo.

Acto seguido telefoneó y lo escuché decir que dentro de cinco minutos estaríamos delante de su casa.

Dimos vueltas una y otra vez a la manzana pero no apareció nadie, de manera que nos fuimos a un café donde un grupo de reaccionarios se dedicaba a beber y a calumniar al General. Me incorporé al grupo pero para llevarles la contraria, mientras Chuchu se fue a telefonear de nuevo. Volvió mustio. Una voz desconocida de mujer le había dicho que la joven estaba durmiendo, pero él no pudo evitar preguntarse con quién.

De manera que cenamos con Rogelio y Lidia y, desde luego, el profesor guatemalteco apareció otra vez. Los sandinistas se habían mostrado de acuerdo en darle alojamiento porque no quería estar solo, ya que aún seguía sintiéndose atemorizado por la G-2. Pensaba regresar a Guatemala después de dos días y ya se había ocupado de que fuera mucha gente al aeropuerto a recibirlo, por si acaso desaparecía sin que se enterara nadie. Le pregunté si también acudiría el decano de la Universidad y él me respondió que creía que sí.

Al entrar en el elevador para dirigirme a mi habitación, me saludó con gran cordialidad un oficial de la Guardia Nacional. Más tarde hablé de ello con Chuchu, a quien algunos de los oficiales de la Guardia Nacional le parecían sospechosos.

—Me dijo que era el coronel Díaz —le informé.

Chuchu me tranquilizó.

—El mejor hombre después del General.

No volvería a verlo durante cinco años. Para entonces era el jefe de seguridad y el General había muerto.

VI

Al día siguiente despegó definitivamente el avión con dirección a Coclesito, llevando a los profesores y estudiantes. La pista de aterrizaje tenía tan solo la longitud suficiente para que pudiesemos tomar tierra. Hacía un calor intenso, la aldea se encontraba prácticamente sumergida, hasta la altura del tobillo, en el lodo, y los búfalos eran tan poco interesantes como siempre lo fueran. Por todas partes nos rodeaba la espesa selva. Las alumnas y los profesores se bañaron en el río y también algunos búfalos. El río parecía estar a punto de desbordarse de nuevo. En la granja colectiva nos dieron un sabroso almuerzo pero allí no había más que agua para apagar la sed.

Visité la iglesia de la aldea. Estaba prácticamente en ruinas, y habían instalado gallineros en la nave lateral. Recordé lo que el General dijera sobre cementerios abandonados. Allí había una iglesia realmente abandonada, lo que no contribuyó a que me hiciese una buena idea del arzobispo McGrath de Panamá. ¿Acaso tenía tantas iglesias de las cuales ocuparse en la República, que no le quedaba tiempo para visitar una aldea donde el General se había molestado en hacerse construir una pequeña casa? Durante el último año ningún sacerdote había visitado el lugar. La gente se volvía hacia el General en busca de ayuda y no hacia la Iglesia. Me interesé por el promedio de días de lluvia durante un año.

—No pregunte cuántos días llueve sino cuántos no llueve. La respuesta es cuatro —me dijeron.

De nuevo en Ciudad de Panamá, aquella noche la cena fue en el departamento de un refugiado brasileño, y mis sospechas respecto a Chuchu se vieron en parte confirmadas, pues llegó acompañado de la espantosa mujer venezolana. ¿Acaso volvía a dejarse llevar por la ternura? Entre los invitados también se encontraba un general peruano que fuera presidente del Partido Socialista. Me dijo que en Perú tuvo a su mando un centenar de tanques y que le hubiera sido fácil dar un golpe pero que renunció y se exilió por mor del «honor militar». Me satisfizo pensar que el «honor militar» no se interpusiera en 1968 en el camino de Torrijos, pues de haber sido así posiblemente algunos de aquellos refugiados no estarían con vida.

Se estaba acabando el tiempo y yo sentía la misma emoción que el año anterior, una mezcla de impaciencia por volver a casa y de pena por tener que irme. Tal como prometiera, Omar había hecho mi reservación de Washington a París en el Concorde, dando orden de que se me extendiera un pasaporte diplomático panameño. En aquellos momentos se había encerrado en casa de Rory González para escribir el discurso que pronunciaría a la firma del Tratado. De momento nadie podía acercarse a él.

Aunque lo había visto con menos frecuencia que el año anterior, mi afecto por él había aumentado. Empezaba a darme cuenta de lo que había hecho y cuánto había arriesgado intentando hacer realidad su sueño de una Centroamérica que sería socialista y no marxista; independiente de los Estados Unidos aunque sin representar una amenaza para ellos. Lo consideraba tanto un maestro como un amigo. Por medio de él, aun cuando se encontraba ausente, estaba llegando a conocer algunos de los problemas de Centroamérica.

El día antes de partir para Washington, Chuchu y yo fuimos al aeropuerto a recibir a Gabriel García Márquez, el novelista colombiano, que sería otro de los miembros extranjeros que integrarían la delegación panameña. Estaba lloviendo a mares y su avión sufría un retraso indefinido. Le dejamos un mensaje, indicándole que nos encontraría en el restaurante peruano el Pez de Oro, y tuvimos justo el tiempo de tomarnos dos piscos *sours*, bebida de la que empecé a disfrutar en Chile, en el Chile de Allende, antes de que sonara el teléfono. El General me apremiaba para que fuera a verlo inmediatamente.

Lo encontré en una pequeña habitación en casa de González, absorto en un manuscrito, su discurso para Washington. Era evidente que en este caso no se trataba del texto de un escritor fantasma. Su escritura había llegado a ser casi tan ilegible como la mía con todas aquellas correcciones.

—Estoy nervioso, pero Carter lo está todavía más y eso me satisface algo —me dijo.

Luego me contó la historia de un oficial boliviano, ignoro por qué boliviano, que se disponía a entrar en acción, de repente se dio cuenta de que le temblaban los pies, de manera que se encaró con ellos: «Esto no es nada en comparación con lo que van a sentir más adelante, hijos de perra».

Le molestaba que Carter hubiera invitado a la ceremonia de la firma a los dictadores militares de Sudamérica; a Videla de Argentina, Pinochet de Chile, Banzer de Bolivia, Stroessner de Paraguay, al presidente de Guatemala. Hubiera preferido que asistieran tan solo aquellos líderes moderados que lo habían apoyado durante las largas negociaciones, desde Colombia, Venezuela y Perú. Pero Carter había insistido en invitarlos a todos, salvo a Fidel Castro, cuya presencia Omar hubiese acogido con satisfacción, aunque solo fuera por su prudente e irritante consejo de prudencia, que finalmente lo había conducido al establecimiento del Tratado. Somoza, de Nicaragua, había rechazado la invitación por encontrarse muy ocupado con la guerra civil, y Haití estaría únicamente representada por su embajador.

Omar me leyó el discurso. Se sentía algo nervioso por la forma divertida y perversa en que iba a iniciarlo. Lo alenté, aunque no estaba seguro de que se ciñera a su admirable texto una vez se encontrara en Washington. Incluso llegué a añadir una frase de mi cosecha, si bien, desafortunadamente, ya no recuerdo aquella pequeña intrusión mía en la historia. También pude indicarle un lugar adecuado donde insertar una de sus excelentes ideas, que no encontraba cómo acoplarla y a la que estaba dispuesto a renunciar.

Conservo un vívido recuerdo de Omar encorvado sobre aquel trabajo, que le resultaba tan poco familiar, preocupado y poco seguro de sí mismo. Estos son los recuerdos más perdurables que conservo de Omar: el joven principiante en el arte de escribir, a quien le resultaba difícil encontrar las palabras adecuadas; el visitante al lugar de sus orígenes, balanceándose en la mecedora en el porche del mecánico de taller en Santiago que fuera su compañero de colegio. Y todavía otro recuerdo que se enraizaría tres años después, de un hombre exhausto, acaso algo embriagado, que se quedara dormido con la cabeza sobre el hombro de su joven amante que, recientemente, diera a luz a un hijo.

Aquella noche fue la última de mi estancia en Panamá, y Chuchu y yo cenamos con Rogelio y Lidia. El profesor guatemalteco había regresado a su país llevándose el tejido bordado que yo regalara a Lidia en la isla de San Blas, agradeciendo su hospitalidad con un estúpido robo.

VII

Al día siguiente, al sobrevolar Cuba, Omar envió un saludo por radio a Fidel Castro, pese a que Carter se había negado a invitar a Castro a Washington. Omar era hombre fiel a sus amigos aun cuando no compartiera del todo sus puntos de vista políticos.

Aterrizamos, ya oscurecido, en el aeródromo de Washington a las ocho de la tarde. Una compañía de Marina rindiendo honores, el centelleo de los focos de la televisión, el secretario de Estado, Vance' esperando para saludar a Omar al final de una larga y estrecha alfombra roja, los dos himnos nacionales, que parecían no terminar nunca, mientras que todo el grupo de la delegación permanecíamos arracimados sobre la alfombra... Jamás imaginé que algún día llegaría de esa forma a los Estados Unidos, donde durante largo tiempo se me había negado un visado por más de tres semanas.

En el Sheraton me esperaba una *suite* de noventa dólares, con un enorme salón de estar y un cartel de Chagall sobre Vence, ciudad próxima a mi casa en Antibes, que colgaba sobre el escritorio. Contemplando aquella pintura sentí soledad y una gran nostalgia de Francia. Omar y Chuchu se encontraban lejos, en la embajada panameña, y me preguntaba si volvería a verlos de nuevo, salvo a una gran distancia en el salón donde se firmaría el Tratado. Bajé a fin de acelerar la lenta entrega de mi equipaje y me resultó extraño no oír hablar más que americano a mi alrededor, acostumbrado como estaba ya a las voces españolas. Aquella noche me fui a la cama con una sensación de infelicidad, después de meterme la carta de Camilo en el bolsillo del pijama. Intenté escuchar la radio y me encontré con una entrevista sobre el aborto. Probé con otro canal y la charla era sobre el cambio en el alcantarillado. Lo mejor sería dormir.

Al día siguiente las cosas mejoraron. Fui a almorzar a la embajada de Panamá con García Márquez y allí volví a encontrarme con rostros familiares. Omar estaba muy animado después de una reunión con Carter. Este le había preguntado cómo habría de tratar con todos los dictadores que se habían reunido en Washington y él le había contestado:

—Basta con negarles todo tipo de armamento.

¿Fue durante aquella reunión cuando Omar se vino abajo y lloró entre los brazos de su mujer? Carter ha descrito la escena en sus memorias. ¿O acaso fuera al día siguiente, a punto ya de comenzar la ceremonia de la firma del Tratado, durante la cual Omar parecía perfectamente sereno? No quedé en absoluto sorprendido cuando leí lo de sus lágrimas en el momento en que parecía que iba a hacerse realidad el sueño que durante tanto tiempo persiguiera. Siempre tuve consciencia de que tenía una sensibilidad que contenía con extrema severidad, sensibilidad que desahogaba de vez en cuando en compañía de un amigo en el que confiara (confiaba en Carter), o después de suficientes copas de Black Label. Entonces surgía, en un instante, una sinceridad a raudales, como cuando le pregunté qué era lo más frecuente en sus sueños y me contestó sin la menor vacilación: «La muerte». Algunos años después, Chuchu me dijo que había visto sollozar con frecuencia a Omar, y acaso uno de los motivos de mi afecto por él fuera la ausencia absoluta de las características del macho latino.

Omar me dijo que se entendía bien con Jordán, el ayudante del presidente, y también con el vicepresidente Móndale, que tenía un bate de beisbol que le firmara en los Estados Unidos un famoso jugador panameño. Móndale dijo bromeando con el General que, en un principio, había pensado en ofrecérselo como regalo, pero que luego, pensándolo mejor, no le pareció aconsejable que lo llevara a la Casa Blanca, no fuera que lo acusaran de amenazar con la utilización de un fuerte garrote.

Aquel fue el período de luna de miel del Tratado que habría de firmarse al día siguiente. El Congreso había dado luz verde al Tratado, pero el General no había previsto la forma en que el Senado lo había de tergiversar después de la firma. Al igual que todos los panameños, él consideraba que las dos firmas ponían punto final al asunto. Cuando más adelante el Senado introdujo importantes modificaciones, fue como una traición. En realidad, incluso en Europa nos resultó difícil comprender cómo unos jefes de Estado podían celebrar una solemne sesión para la firma de un tratado que ha sido aprobado por el Congreso, para ser alterado por el Senado después de su firma. Todo aquel desfile de dictadores y delegaciones no significaban nada definitivo.

Aquella noche hubo dos manifestaciones en las calles de Washington, una contra el Tratado y la otra contra la presencia de Pinochet en Washington. García Márquez me invitó a que lo acompañara para participar en la manifestación contra Pinochet, pero muy a mi pesar rehusé. No confiaba en que el pueblo americano supiera distinguir entre un general latinoamericano u otro.

Por la noche se celebró en el salón de la Organización de Estados Americanos una gigantesca recepción en honor de los jefes de Estado y sus delegaciones, con bufés rebosantes, suficientes para un millar de invitados. En los dos primeros pisos y alrededor de los bufés apenas había sitio, de manera que la encantadora joven panameña que se ocupaba de mí me condujo al segundo piso, donde no había manjares y por ello sitio suficiente para poder moverse. Allí también era más probable que me tropezara al menos con uno de los dictadores. No era de suponer que ellos trataran de atiborrarse en los bufés. Decidí que si tenía la suerte de tropezarme con Pinochet, le diría: «Creo que tenemos un amigo común... El doctor Allende».

Sin embargo Pinochet no apareció por allí aunque sí Videla y el presidente guatemalteco, los dos vestidos de paisano, con un aspecto muy democrático. Me situé a unos pasos de Stroessner, de Paraguay, también de paisano. La última vez que lo vi fue en 1968, en el Día Nacional, en Asunción, con el uniforme de general, de pie en una tribuna saludando a los supervivientes mutilados de la innecesaria guerra boliviana, mientras desfilaban en sus sillas de ruedas y los coroneles se mantenían en pie, rígidos en sus coches, semejantes a los bolos en una bolera. En aquel momento, sin el uniforme, parecía más que nunca el congestionado propietario de una Bierstube alemana. Estaba rodeado de un grupo de aduladores que parecían pendientes de sus palabras, aunque acaso estuvieran representando un papel y, en realidad, fueran guardaespaldas que se encontraban allí para protegerlo. Pensé que, de haber tenido en ese momento un arma e instintos suicidas, me hubiera resultado muy fácil librar al mundo de un tirano.

Un hombre pasaba junto a nosotros para acercarse al grupo de Stroessner y mi acompañante lo detuvo. La joven comenzó a decir:

—Es uno de los ministros del general Stroessner. Me permito presentarlos —ambos alargamos con gesto cortés una mano—: Mr. Graham Greene.

El ministro dejó caer la mano y la mía quedó navegando en el vacío.

—En cierta ocasión estuvo usted en Paraguay —me acusó en tono de ira contenida y se alejó, reuniéndose con su general.

No pude evitar sentirme algo orgulloso de haber sido capaz, al parecer, de incurrir en el desagrado de otro dictador más. Sentí un orgullo similar cuando el doctor Duvalier publicó en Haití un panfleto con titulares bilingües: «*Graham Greene demasqué*. Al fin Graham Greene desenmascarado».

Salvo por el ministro de Stroessner, toda la gente con quien hablé en aquella concurrida reunión de los estados latinoamericanos se mostró inesperadamente cordial. Un escritor que viaja fuera de su tierra no espera recibir cordialidad. Probablemente su trabajo ofenda a más gente de la que agrade. Que un extranjero escriba con experiencia insuficiente sobre su país despierta justificado resentimiento en los nativos. De modo que durante aquella velada me sentí contento al encontrarme con mexicanos que colmaron de elogios *El poder y la gloria* y con argentinos que ensalzaron *El cónsul honorario*.

A la mañana siguiente me llamó por teléfono el arzobispo Mc-Grath, de Panamá, y acordamos acudir juntos al acto de firma del Tratado. Una vez en el coche, me habló de una plegaria que había escrito especialmente para esa ocasión, por si lo requerían para iniciar el acto. Incluso me la recitó, y no pude evitar el recuerdo de los pollos en el interior de la iglesia en ruinas que nunca se había molestado en visitar. Pero, de hecho, no fue invitado a decir aquella plegaria. Me dio la impresión de uno de esos amables eclesiásticos que jamás cambia su tono de voz y que sabe exactamente de antemano hasta dónde quiere llegar en su comunicación. La iglesia de Coclesito pertenecía al mismo país, pero no al mismo mundo del arzobispo. El arzobispo iba acompañado de un seglar, cuyo aspecto se acomodaba perfectamente a su apellido, Quigley. Pensé que algún día podría utilizar ese nombre en Dios sabe qué historia.

VIII

La firma del Tratado sobre el Canal fue, ciertamente, un Gran Espectáculo. Nos encontrábamos sentados por bloques de países y Panamá se encontraba junto al bloque senatorial de los Estados Unidos, teniendo a Venezuela en nuestro otro flanco. Nuestra delegación era un batiburrillo y de ella formábamos parte no solo García Márquez y yo, sino también, con mucho más derecho, la madre de un estudiante que resultó muerto por los infantes de Marina durante la gran algarada de 1964.

Nunca vi un despliegue semejante de estrellas desde *La vuelta al mundo en ochenta días*. Todos los rostros de artistas familiares por su aparición en las pantallas de televisión y por las fotografías en periódicos y revistas parecían encontrarse allí, todos salvo Elizabeth Taylor. Antes de que la delegación quedara instalada en sus asientos, podía verse a Kissinger recorriendo el salón de la Organización de Estados Americanos y hablando con todo el mundo con su habitual sonrisa de oreja a oreja; cinco filas delante de mí pude ver a Nelson Rockefeller mostrándose terriblemente amable con Ladybird, como si ambos se dispusieran a iniciar un baile; y en la misma fila se encontraba el expresidente Ford, más rubio de lo que yo lo imaginara cuando lo veía en la pantalla. ¿O acaso habría estado en el peluquero? También se encontraban allí Mr. y Mrs. Móndale, Mrs. Carter... Dos filas delante estaba sentado Andy Young, animado y juvenil. Todos ellos adoptaban una actitud conscientemente indiferente, a semejanza de los actores de *La vuelta al mundo*, que aceptaron desempeñar papeles pequeños solo para divertirse. En realidad no se encontraban allí para actuar, sino para que se les viera, como si fueran juerguistas que hubieran salido a pasar la noche juntos, contentos de sentirse como en casa, rodeados de rostros amigos. «¿Cómo, tú por aquí?».

Los actores principales se encontraban en la tribuna, un panorama desagradable aunque mucho más impresionante que el de las estrellas abajo. El general Stroessner de Paraguay, el general Videla de Argentina, con un rostro tan chupado y enjuto que apenas le quedaba sitio para sus ojillos zorrunos; el general Banzer de Bolivia, un hombrecillo de aspecto asustadizo, con un bigote en permanente agitación. Parecía que había equivocado su papel y no iba vestido adecuadamente.

Allí se encontraba también el más importante actor de carácter de todos ellos, el propio general Pinochet, el hombre al que te complace aborrecer. Al igual que Boris Karloff, había alcanzado en realidad el grado de reconocimiento inmediato; él era quien podía mirar con divertido desprecio a los frívolos tipos de Hollywood, espléndidamente pagados, que se encontraban abajo. Tenía la barbilla tan hundida en el cuello de la guerrera, que parecía no tener cuello propio; sus ojos de mirada inteligente, bienhumorada, falsamente bondadosos parecían, decirnos que no tomáramos demasiado en serio todas esas historias de asesinatos y torturas procedentes de Sudamérica. Apenas podía creer que hubiera transcurrido tan solo una semana desde que escuchara en Panamá a la refugiada que rompiera a llorar al describir cómo le habían introducido una bayoneta en la vagina. Agitándose detrás de los dictadores se encontraba el viejo Bunker, el Refrigerador, vigilando con ansiosa mirada su Tratado, humedeciéndose continuamente sus resecos labios. Se asemejaba a una cigüeña vieja, muy vieja, a la que le hubieran dado rasgos humanos en un libro de cuentos infantil. Su cabeza iba siempre muy por delante del resto del cuerpo.

Estoy seguro de que Pinochet era consciente de que dominaba la escena. Era el único contra el que la gente protestaba por las calles de Washington agitando pancartas. Tal vez no supieran pronunciar el nombre de Stroessner y ni siquiera se acordaran de Banzer. Pinochet mostró su tacto al no saludar con la mano a su aliado Kissinger, que se encontraba abajo, y este ni siquiera miró en dirección a él. Luego, todos nos pusimos en pie al sonar las notas de los dos himnos nacionales, coincidiendo con la entrada de Carter y el general Torrijos para firmar el Tratado, un tratado algo ajado, pues había pasado trece años sometido a manoseos y correcciones. Sin embargo, estaba seguro de que no era yo solo quien seguía observando a Pinochet. Al igual que Karloff, su papel no requería que hablase. Ni siquiera que gruñera.

Carter parecía absolutamente incómodo. Pronunció un breve discurso banal de forma casi inaudible más allá de las primeras cinco filas, pese a todos los micrófonos. Por mi parte, en mi calidad de panameño temporal, me sentí orgulloso de Omar Torrijos, que habló con voz muy diferente a la de Carter, con un tono cortante que quebraba el silencio. Con gran satisfacción por mi parte comenzó el texto como me lo había leído a mí, bruscamente, sin la convencional introducción: «Señor Presidente, Excelencias… etc.», de tal manera que incluso las estrellas que se encontraban debajo de la tribuna empezaron a escuchar. Por un instante, pareció como si estuviera censurando ese mismo Tratado que estaba a punto de firmar.

—El Tratado es muy satisfactorio, ampliamente ventajoso para Estados Unidos y hemos de confesar que no lo es tanto para Panamá.

Se hizo una pausa y luego el General añadió:

—Secretario de Estado Hay, 1903.

Era una excelente broma frente a los senadores que se encontraban allí a la fuerza y que no se sentían en modo alguno satisfechos, pero era mucho más que una broma. Torrijos firmaba aquel nuevo tratado de mala gana. Como me dijera en una ocasión, lo hacía únicamente «para salvar las vidas de cuarenta mil jóvenes panameños». Había dos cláusulas en el Tratado que se le atragantaban de forma especial: el aplazamiento hasta el año 2000 para conceder a Panamá el control absoluto del Canal y la cláusula por la que Estados Unidos podría intervenir, incluso después de esa fecha, en caso de que se viera amenazada la neutralidad del Canal. A mi juicio, no le desagradaría en modo alguno que el Senado se negase a ratificar el Tratado. Entonces, solo le quedaría la solución primitiva de la violencia, en la que con tanta frecuencia había pensado, luchando entre el deseo y el temor como si se tratara de un encuentro sexual.

Los Estados Unidos tenían la suerte de tratar con Omar Torrijos, patriota e idealista, que carecía de ideología definida, salvo por una preferencia general por la izquierda sobre la derecha y un absoluto desprecio por los burócratas. Su postura era en realidad difícil, ya que era un hombre solitario sin el apoyo de un partido político, mientras que los viejos partidos seguían existiendo a su sombra. Los cristiano-demócratas estaban formados por la burguesía que le aborrecía, los comunistas le daban, al menos por el momento, apoyo táctico, los grupos de extrema izquierda eran todos ellos contrarios al Tratado y, por ironía del destino, por motivos muy similares a los del General. Podía confiar en los oficiales jóvenes de la Guardia Nacional y también en los Wild Pigs. Y eso era todo. Respecto a algunos de los jefes de más alta graduación de la Guardia, había que andar con una mayor cautela. Si no se llegaba a la ratificación del Tratado, Panamá necesitaría al General, con lo que su posición y su popularidad estarían garantizadas. Si se ratificaba el Tratado, tanto el futuro del General como el de Panamá sería mucho más incierto y así quedó demostrado.

Con la ratificación, serían devueltos inmediatamente a Panamá más de cuatrocientos ochenta kilómetros cuadrados de valiosos bienes raíces y una cantidad muy elevada de dinero contante y sonante. Muchos bolsillos estaban preparados para enriquecerse. Sus propietarios no se sentían, en modo alguno, interesados en los planes del General de dar comida gratis en los colegios y leche en abundancia para todos los niños, en la supresión de los barrios bajos en Colón y Ciudad de Panamá, en la creación de un orfelinato y parques para los pobres que estaban condenados a pasar sus horas libres en distritos tan espantosos como el de Hollywood. Los terratenientes de Ciudad de Panamá, y entre ellos figuraban algunos jefes de alta graduación del Ejército, seguramente tendrían ideas muy distintas. En el caso de que el Tratado fuera ratificado, la vida del General no sería una buena inversión para compañía de seguros alguna, porque no era hombre que se retirara tranquilamente a Miami, como un político cualquiera. No era nada extraño que la muerte apareciera con tanta frecuencia en sus sueños y que esos sueños se reflejaran en su mirada.

En la tribuna se encontraban otros ocho generales del hemisferio Sur, observando cómo Torrijos firmaba aquel Tratado que no le gustaba, y creo que muchos de los manifestantes por las calles de Washington los juzgaban a todos bajo el mismo rasero. Todos ellos eran generales, en cierto modo todos eran dictadores. Una protesta contra Pinochet los incluía a todos. Omar era plenamente consciente de ese peligro. Como ya he escrito, hubiera querido que solo estuviesen presentes los líderes más reputados, pero Carter había insistido en invitar a todos los miembros de la Organización de Estados Americanos. La insistencia de Carter representó un triunfo para Pinochet, colocando en una posición incómoda a Torrijos.

Una vez firmado el Tratado, Carter y Torrijos se dispusieron a saludar a los jefes de Estado que se encontraban en la tribuna. En América Latina un cordial abrazo es la forma habitual de saludo, pero me di cuenta de que Torrijos solo abrazó a los líderes de Colombia, Venezuela y Perú, limitándose a estrechar la mano con circunspección a los de Bolivia y Argentina, mientras seguía avanzando en dirección a Pinochet. Pero Pinochet también lo había observado y en sus ojos brilló una mirada de perversa diversión. Al llegarle el turno estrechó la mano que le ofrecía Torrijos, al tiempo que le pasaba el brazo por los hombros. Si en aquel instante algún fotógrafo hubiese hecho funcionar su cámara, daría la impresión de que Torrijos había abrazado a Pinochet.

Al día siguiente, antes de tomar el Concorde con destino a París, hablé con Chuchu, creyendo una vez más que sería la última ocasión. Estaba desolado por el asunto del Tratado. No era lo bastante bueno y además aún se encontraba pendiente del Senado. Habló de dimitir de su cargo en la Policía de Seguridad y de volver a la Universidad.

—Continúa todavía durante seis meses —le supliqué—, Omar estará expuesto al mayor peligro una vez sea ratificado el Tratado. Te necesita. No hay nadie más en quien pueda confiar.

Chuchu se quedó, pero todo daba igual, no estaba en su mano salvar a Omar. Como una vez me dijera en el motel: «Un arma no representa defensa alguna».

Mientras volaba de vuelta a casa, me despedí de lo que yo consideraba que había sido un extraño interludio en mi vida. Durante dos años, Omar había necesitado un observador amigo en su lucha por el Tratado. Ahora se había firmado y ya no le era de utilidad alguna. Ya no vería más a Omar ni tampoco a Chuchu, me dije en el Concorde, y las incomodidades de este se acomodaban perfectamente a mi triste ánimo. Mientras volábamos hacia París, a una velocidad superior a la del sonido, la aeromoza me dijo que no podía servirme queso —«Solo previa petición».

—Se trata de una petición especial.

De algún sitio sacaron un pequeño triángulo rancio de Camembert.

En el bolsillo llevaba, bien segura, la carta de Camilo.

Tercera Parte (1978)

I

Me encontraba muy lejos, en Antibes, sabiendo solo por los periódicos de la marcha de la guerra civil en Nicaragua. Apenas pasaba un día sin que apareciera un párrafo que me recordara a mis amigos sandinistas de Panamá. Y de repente, un día Panamá y Nicaragua surgieron inesperadamente en Antibes en la persona del joven matemático Rogelio. Me telefoneaba desde la estación de Niza e iba camino de Italia. Al parecer, necesitaba un visado para Italia del que carecía, pero era evidente que no le preocupaba demasiado. Después de todo su mujer era italiana. Me dijo por teléfono que esas cosas como los visados podían arreglarse, pero que le gustaría hacer un alto en su viaje para hablar conmigo.

Le busqué una habitación para una noche y cenamos juntos. Estaba ansioso por tener noticias. Me dijo que al fin Camilo había entrado en acción, atravesando la frontera de Costa Rica con un grupo de sandinistas. La incursión no había tenido éxito al haber sido atacados desde el aire y no disponer de armamento antiaéreo. Ahora a Rogelio le habían encomendado la misión de recaudar dinero para la compra de armas. Me facilitó el nombre y el número de una cuenta bancaria en Ciudad de Panamá, por si yo conociera algunos simpatizantes acaudalados. Afirmó que no tenían problemas con las armas ligeras. Podían capturar las suficientes de la Guardia Nacional de Somoza. De lo que carecían era de armamento antiaéreo. Desafortunadamente le fui de escasa utilidad. Solo me fue posible enviar a Panamá un pequeño cheque en mi nombre con la esperanza de que les permitiera comprar algunas balas, una de las cuales acaso llegara a dar su merecido a Somoza.

II

Transcurrieron unas semanas y a última hora de un anochecer de julio me llegó a través del teléfono otra voz familiar.

—¿Dónde estás, Chuchu?

—En Panamá, naturalmente. ¿Dónde pensabas que estaría? ¿Cuándo llegarás? El General quiere saberlo. Tienes reservado el pasaje en KLM.

Aquella invitación me produjo una inmensa sorpresa y me apresuré a hacer mis cálculos.

—El 19 de agosto a las nueve y media de la mañana. ¿Estás de acuerdo?

Estuve a punto de perder el avión.

Era el 18 por la mañana y yo me encontraba en el Ritz de Londres, en ruta para Ámsterdam. El hotel donde por aquellos días algo siempre andaba mal, que era precisamente una de las razones por las que me gustaba. Escribir es, la mayor parte del tiempo, una ocupación solitaria y que proporciona escasas satisfacciones. Uno se encuentra atado a una mesa, a una silla y a un montón de papel. Tan solo una férrea disciplina me permitía seguir adelante, por lo que acogía agradecido las situaciones inesperadas que el Ritz siempre estaba dispuesto a brindar... acaso salmón ahumado en lugar de huevos en el desayuno, un pájaro aleteando durante todo el día en la chimenea, una ventana que no podía abrirse o que, por el contrario, no podía cerrarse, un mesero egipcio que estaba aprendiendo a tocar la batería y que intentaba besar a la joven de la habitación contigua al llevarle el desayuno. Eran los buenos y viejos tiempos antes de que Trafalgar House comprara el hotel, colgando espantosos cuadros en los pasillos, e hiciera el servicio fastidiosamente perfecto. De cualquier manera, durante las primeras horas de la mañana del 18 de agosto, las cosas parecían ir demasiado lejos.

Me desperté tosiendo fuerte y encendí la luz, pero ni siquiera me era posible ver el otro lado de mi dormitorio a causa de una intensa humareda con un olor espantoso, que me producía irritación en la garganta. Miré por la ventana y la cerré presuroso con las dificultades habituales. Al lado había un edificio en construcción que habían cubierto con plástico y en este había prendido fuego. Podía verse a los bomberos abajo, con linternas y máscaras antigás. Afortunadamente fueron sus voces las que me despertaron. Abrí la puerta que daba al pasaje para que saliera el humo y vi llegar por el corredor a un recepcionista acompañado de un bombero. Me ofreció cambiarme de habitación pero el humo empezaba ya a disiparse y yo estaba dispuesto para volar a Panamá. Preferí quedarme tosiendo donde estaba. Aquella tos me acompañaría durante las dos semanas siguientes, hasta mi vuelta a Europa.

Horas más tarde tomé el avión con destino a Ámsterdam, o al menos así lo creí yo. Fue la primera vez en mi vida que me equivoqué de avión. Toda esa comprobación de boletos y tarjetas de embarque constituye un verdadero lío. Solo me di cuenta de que aquel avión no era el mío al anunciar una aeromoza que aterrizaríamos puntualmente en Rótterdam. Pensé que tal vez el humo había afectado levemente a mi cerebro, al igual que a mi garganta, y empecé a reflexionar si los hados no estarían en contra de Panamá. Mi avión en Ámsterdam despegaría dentro de poco más de una hora.

Salí rápidamente de inmigración y aduanas y tomé un taxi, pero no disponía de *guilders*. Solo después de arrancar expliqué mi problema al conductor, que lo tomó bien.

—¿Qué moneda tiene? —me preguntó.

—Francesa, algo de inglesa y unos cuantos dólares americanos —le contesté.

Eligió los dólares y pensé que se quedaría con todos, pero no fue así. Por la radio del coche llamó a una oficina de cambio para que le dieran el cambio del día.

Los hados habían dejado de estar contra mí. Tomé mi avión por los pelos, sin tiempo, naturalmente, de disfrutar de algún reposo en el salón Van Gogh, y a las nueve de la mañana, hora de Panamá, y con media hora de antelación, Chuchu me daba la bienvenida en el nuevo aeropuerto internacional que yo veía por primera vez. Chuchu había dejado su coche en el aeropuerto nacional y había llevado su propia avioneta, la tenía hacía ya trece años me dijo, para ir a recoger el coche. Por mi parte no confiaba mucho en la habilidad como piloto de un poeta y profesor y me preguntaba si los hados no guardarían una carta en la manga. Chuchu me dijo que Bernard Diederich estaba en el hotel esperándome y que el General quería que acudiésemos todos a la mañana siguiente al Farallón, la casa que tenía en la costa del Pacífico.

—Los llevaré en la avioneta. Hay sitio exactamente para dos pasajeros —aseveró Chuchu.

—¿No podríamos ir por carretera?

—Imposible. El General quiere que estén allí a las nueve.

A la mañana siguiente no creo que Diederich disfrutase del vuelo mucho más que yo. En Panamá el tiempo es impredecible y se estaba acercando la época de las lluvias.

—Si la mierda valiese dinero, los pobres habrían nacido sin culo —dijo sin venir a cuento Chuchu, que estaba de humor filosófico.

Cuando llegamos, Omar estaba aún en la cama con fiebre, pero pronto se reunió con nosotros. Estaba relajado y comunicativo y se tumbó en su hamaca, como siempre solía hacer.

He de agradecer a Diederich el disponer de las palabras del General, pues él las grabó.

A raíz de la firma del Tratado sobre el Canal se permitió al expresidente Arias regresar a sus propiedades en Churiquí, próxima a la frontera costarricense, y a su llegada, hacía ya dos meses, a Ciudad de Panamá, se dirigió, en el parque de Santa Ana, a una gran multitud que quizás hubiera acudido impulsada más por la curiosidad que por la simpatía. Atacó a Torrijos con auténtica saña, lo que al menos sirvió para demostrar que en Panamá existía libertad de expresión.

Observando a Omar mientras me hablaba desde su hamaca, recordé el discurso de Arias que había leído la noche anterior en el avión. Arias había presentado a Omar como un tirano que obligaba a sus enemigos a exiliarse en avión y torturaba a los prisioneros. Los nombres de esas víctimas «desaparecidas» jamás fueron publicados en parte alguna y tampoco desfilaban las viudas por las calles de Ciudad de Panamá como hicieran en Buenos Aires, porque, naturalmente, no había desaparecidos. Un disidente político no tenía más que cruzar de una a otra acera para encontrarse a salvo. Arias había presentado aquella imagen del Panamá de Torrijos basándose en informes sobre la Argentina de Videla y el Chile de Pinochet mientras él permanecía tranquilamente sentado en su casa de Miami. En su discurso, se había referido a Omar como un «psicópata que debería estar internado en un manicomio» y en aquel momento el «psicópata» se encontraba tumbado en su hamaca, discutiendo animadamente su futuro con nosotros.

—Voy a dar a los políticos una gran sorpresa. Estoy esbozando un sistema, un partido político para poder salirme de todo esto. Ellos creen que estoy esquematizando un sistema para permanecer en el poder. Los políticos están apuntando sus armas en dirección contraria. Malgastarán sus municiones y luego dirán: «Es que ese hijo de perra es imprevisible». —Sonrió malicioso—. Lo único que quiero es una casa, ron y una chica.

»Por si no fuera bastante la maldad e infamia del principal traidor —era el expresidente Arias quien hablaba en mi memoria—, ha vendido a la madre patria por unas cuantas monedas, como Judas vendiera a nuestro Señor Jesucristo y, al igual que Judas, intenta en su ignorancia huir de su propia conciencia alcanzando el sueño con bebidas alcohólicas —debiera haber añadido con Black Label, generalmente, en los fines de semana— y narcóticos (seguramente se refería a los excelentes puros habanos que le enviaba Fidel)—. No sería sorprendente que algún día se le encontrara colgado de un árbol en su propio jardín».

Omar se balanceaba en su hamaca impulsándose con una pierna.

—Ignoro si habrá hecho bien o mal. Es como cuando acudes a una gasolinera. Pagas y la bomba vuelve a cero. Cada vez que me despierto me encuentro siempre otra vez a cero.

De nuevo escuchaba a Arias.

«Durante casi diez años hemos permanecido en el exilio, mirando desde nuestro humilde patio en Florida hacia el Sur, hacia nuestro bienamado Panamá, reflexionando y meditando, albergando una única esperanza y diciendo una sola plegaria...».

Pregunté a Omar su opinión sobre Arias.

—Es una pieza política arqueológica. Después de echarle una ojeada en el museo, no vuelves a mirarla —dijo Omar.

Luego prosiguió diciendo:

—Aquí existe un vacío político. La lucha por el Tratado sobre el Canal nos ha dejado con esa sensación de vacío. Para colmarlo hemos de volvernos hacia el frente interno. Tenemos que organizar un partido político con vistas a las elecciones que vamos a celebrar. Yo me inclino por la socialdemocracia. He hablado con Felipe González de España, con Colombia y la República Dominicana. Este maldito resfriado lo cogí allí, durante la inauguración de Guzmán. Claro que si Arias y la oligarquía vuelven a tomar el poder tropezaremos con algunas dificultades. —Se echó a reír—. Hemos dado al traste con todas las leyes de la constitución, de su constitución.

Su nuevo partido se denominaría el PDR, Partido Democrático Revolucionario. Su creación sería anunciada oficialmente el 11 de octubre, décimo aniversario de su golpe militar. Al mismo tiempo se levantaría la prohibición a los demás partidos políticos, aunque esa prohibición jamás había sido absoluta. Solo que durante las elecciones cada candidato tenía que presentarse y luchar individualmente, sin etiqueta alguna de partido, bien fuera conservador, socialista, liberal o comunista.

—Me siento demasiado viejo para hablar sobre el futuro —siguió diciendo. Era un hombre todavía cuarentón—. El futuro pertenece a la juventud. Ahora yo necesito un partido porque estoy cansado y aburrido de la política, de la política interna. Verán, cuando el pueblo encuentra a un líder lo hace trabajar hasta morir, al igual que un campesino hace con un buen animal de carga. Los campesinos me hablan con absoluta franqueza. Un campesino sabe cuándo sufres de cojera, aunque estés tumbado en una hamaca o cubierto por una sábana.

Le pregunté sobre el Tratado. Sabía que se sentía amargamente decepcionado por las enmiendas introducidas por el Senado y que su propia izquierda lo criticaba.

—Verás, mi idea de los ultraizquierdistas es la siguiente: cuando se enfrentan con la imposibilidad de hacer su revolución, huyen cobardemente planeando una futura revolución que jamás llega a ser realidad. En este país no tenemos siquiera dos millones de habitantes. No hay razón alguna para pagar un alto precio por un cambio social. Y si no es necesario, ¿para qué hacerlo? No soporto una posición radical en este pequeño país.

Se refirió al temor americano de una posible implantación del comunismo en Angola. Afirmó:

—Le he dicho a Andrew Young que África es un peligro más para su vanidad que para su seguridad. En África no existe peligro. Es un continente que aún no ha encontrado una personalidad. Dentro de cincuenta años la gente circulará feliz en pequeños Volkswagen por las carreteras y contemplará la belleza de la selva olvidando los tractores que esa misma selva se ha tragado.

Había logrado digerir su decepción sobre el Tratado e incluso empezaba a minimizar su importancia. Añadió:

—Dentro de catorce meses nos entregarán los tercios de la tierra de la Zona del Canal y recibiremos treinta centavos, un aumento notable, por cada barco que utilice el Canal hasta que en el año 2000 tengamos el control absoluto. Pero aún más importante que el Canal es el fomento de nuestro cobre. Hasta ahora no hemos exportado más que plátanos y soberanía. —Por soberanía se refería a la utilización de la bandera panameña y a la evasión de impuestos por las compañías internacionales—. Pero para 1983 estaremos exportando cobre. —Esa fue una profecía que no llegó a tomar cuerpo—. Además tenemos nuestra fuerza hidroeléctrica. Pronto dispondremos de un kilovatio por habitante.

Volvió otra vez sobre la cuestión del Canal.

—El Canal empezó con catorce mil trabajadores y sigue teniendo catorce mil. No tenemos puertos y por ese mismo motivo el exportar una tonelada de nuestros productos representa un costo de diecisiete dólares. Cuando tengamos la propiedad del Canal exportaremos más. No podemos aumentar los derechos de peaje del Canal, de manera que hemos de desarrollarnos por sus orillas.

Recordé lo que dijera a los escolares el año anterior, que no iba a cambiar a los terratenientes blancos por otros achocolatados.

—¿Va a haber donación de tierras? —le pregunté.

—No, nada de eso —repuso—. Hemos de ser muy cuidadosos con los recursos de la Zona. No podemos introducir grandes cambios en las tierras. Los bosques son necesarios para contribuir a la contención del Canal.

Regresé a mi habitación en Ciudad de Panamá y releí el discurso del presidente Arias:

«11 de octubre de 1968, día aciago en el que la traición satánica impulsada por la lascivia, la codicia y la envidia barrió nuestra tierra amada, originando por doquier gemidos, dolor y sangre...».

Pensé en «el monstruo», en el «Judas» en su hamaca y también en el pescador que tenía la costumbre, durante los fines de semana, de pasar por la playa junto a la guardia y vocear insultos de borracho contra Omar sentado en su terraza. Sin embargo, durante el camino de regreso, ya sobrio por el aire fresco, solía pasar en silencio. Omar disfrutaba con aquel ritual de fin de semana, en especial si se encontraban presentes invitados tan serios e importantes como Mr. Bunker y la delegación americana. Me preguntaba cuál habría sido la reacción del presidente Arias en la época en que tenía el poder.

III

Por la noche fui a tomar una mediocre comida nicaragüense con mis amigos sandinistas y fue entonces cuando conocí al poeta, padre Ernesto Cardenal, que ahora es ministro de Cultura en Nicaragua. Me pareció que era un poco consciente de su carisma, con su barba blanca y la boina azul encasquetada. También parecía ligeramente consciente de su propia personalidad romántica en calidad de sacerdote, comunista y refugiado del régimen de Somoza que había destruido su monasterio en una isla del Gran Lago. A la noche siguiente nos encontramos de nuevo en casa de Camilo y María Isabel, durante una fiesta de cumpleaños en honor de uno de los líderes de la guerrilla sandinista, Pomares, a quien Omar había salvado la vida. Lo habían capturado en Honduras y estaba a punto de que lo deportaran a Nicaragua, donde con toda seguridad encontraría la muerte, cuando intervino el General.

Parecía una fiesta con un carácter extrañamente juvenil para un líder de la guerrilla. Había un pastel de cumpleaños y todo el mundo cantaba *Happy birthday to you*. Todos aquellos rostros me resultaban ya tan familiares como los de mi propia familia, y el padre Cardenal se mantenía en la penumbra con el rostro radiante de un abuelo. El guerrillero apagó las dos filas de velas, cada una de un solo soplo, y me dio la impresión de que se sentía algo incómodo con el pastel y las velas. Tenía el aspecto de un auténtico luchador rodeado de aficionados. Algunos días después regresó a Nicaragua y murió combatiendo. Ahora en Managua lleva su nombre el antiguo cuartel general de Somoza conocido como el Búnker.

El padre Cardenal intentó persuadirme de que fuera a Nicaragua, pero yo no podía evitar pensar que mi muerte allí sería un regalo caído del cielo para la propaganda. Ambos lados podrían culparse mutuamente y mi muerte les resultaría más valiosa que cualquier otro servicio que pudiera prestarles. Además, lo más probable era que fuera rentabilizada por la parte errónea. De cualquier forma yo sabía que el General era contrario a que hiciese ese viaje. Creía que la guerra civil estaba llegando a su clímax. De manera que preferí comportarme como un turista y al día siguiente me dirigí en helicóptero a la legendaria ciudad de mi imaginación, Nombre de Dios: un pequeño calvero, demasiado pequeño para que un avión pudiera aterrizar, y una aldea india con media docena de chozas. No existía un solo resto de muros desmoronados que permitiera reconocer lo que una vez fuera un puerto mayor que Veracruz, al que Colón bautizara como Puerto de Bastimentos, el Puerto de Provisiones que fuera saqueado por Francis Drake, quien erróneamente dejó atrás un montón de lingotes de plata.

Volvimos a Panamá y nos enteramos de que el presentimiento del General sobre la guerra en Nicaragua se había visto en cierto modo confirmado. Había tenido lugar un asalto en Managua, la capital, y el Palacio Nacional había sido ocupado por un pequeño grupo, una docena de sandinistas, que retenía a título de rehenes a un millar de diputados y oficiales, al tiempo que exigían la liberación de sus camaradas encarcelados.

Aquella noche tuve un sueño tan deprimente que me desperté irritado e infeliz. Quería regresar a Europa sin saber por qué. Sin embargo, tenía que hacer algo antes de volver a casa y era realizar la excursión durante tanto tiempo aplazada a Bocas del Toro, lugar que en el *South American Handbook* aparecía descrito de forma tan poco atractiva. Chuchu aceptó acompañarme al día siguiente. Pero no pudo ser. Tuvimos que cambiar todos nuestros planes y al propio tiempo Omar, que nos había localizado en el restaurante italiano en el que cenábamos y al que nunca habíamos ido antes, nos levantó el ánimo. No sé cómo, pero se había enterado de dónde estábamos. Chuchu tenía una llamada telefónica.

Volvió presa de gran excitación y algo embriagado, al igual que yo. El General se disponía a enviar a primeras horas de la mañana siguiente un avión militar a Managua, posiblemente a las cinco de la madrugada, para recoger al comando sandinista, a los prisioneros liberados y a algunos de sus rehenes, y nosotros iríamos en el avión. Teníamos que estar en el aeropuerto a las cuatro de la mañana. La vida volvía a ponerse interesante.

A la mañana siguiente llegamos a la hora en punto, pero el avión ya había despegado hacía una hora. Al parecer Chuchu no lo había entendido bien o la comunicación telefónica no lo había especificado, pero el General aconsejó que pasáramos la noche en el aeropuerto. Chuchu cayó en desgracia. Se le comunicó firmemente que permaneciera «a disposición», lo que a todas luces significaba que permaneciera en su casa, junto al teléfono, en una especie de arresto domiciliario. En cuanto a mí, intenté matar el tiempo durante un interminable día leyendo y durmiendo, hasta que finalmente Chuchu se reunió conmigo, tan deprimido como yo mismo. El General nos había convocado en casa de Rory.

Pensamos que lo mejor sería tomarnos antes algunos ponches de ron, preparados por Flor en el bar Señorial, pues nos disponíamos a recibir una reprimenda. Pero no fue así. Omar estaba de excelente humor. Había decidido enviarme con Chuchu a Belice en misión para que me entrevistara con George Price, primer ministro. Formaba parte de su decisión de convertirse en mi tutor en lo referente a los asuntos de América Central, no solo a los de Panamá. Sentía gran afecto por Price, una amistad realmente extraña ya que ambos hombres diferían mucho en su carácter, si bien en cuanto a política los dos eran socialistas moderados. Aquella amistad se inició cuando Panamá apoyó a Belice frente a su enemiga Guatemala en las Naciones Unidas, al tiempo que convencía a Venezuela para que hiciera lo mismo. Fueron los dos únicos países latinoamericanos que se enfrentaron a Guatemala.

El ministro de Asuntos Exteriores se encontraba con el General y nos presentó un resumen de la situación en Belice, donde la oposición conservadora no estaba de acuerdo con la independencia que Price intentaba obtener, pues creía que podía conducir a la retirada de los mil seiscientos soldados británicos que actuaban de dique de contención frente a una invasión guatemalteca. Price quería permanecer dentro de la Commonwealth, pero hubiera preferido sustituir las tropas de la Commonwealth por otras británicas. Guatemala se contentaría con que le cedieran un pequeño trecho de territorio que le daría acceso al mar, pero ¿y si México pedía lo mismo en su frontera norte? ¿Qué quedaría entonces de Belice?

—Te agradará Price. Seguro que congeniarás con él. Quería ser sacerdote, no primer ministro.

Por la mañana, antes de que empezase la habitual confusión panameña respecto a nuestro viaje, fui a ver al comando sandinista y a los prisioneros liberados, entre los que se encontraba Tomás Borge, que ahora es buen amigo mío, en la base militar de una unidad llamada los Tigres. El líder del comando, Edén Pastora, tenía los hermosos rasgos de un actor de cine. Lo estaba entrevistando para la televisión americana un periodista especialmente estúpido. «¿Es verdad que Carter le escribió una carta?

¿Cuándo volverá a Nicaragua?». Quizá fue en aquel momento, al darse cuenta de que estaba ante una audiencia de millones, cuando comenzó la corrupción de Pastora, de modo que al cabo de cuatro años se volvió contra sus compañeros sandinistas. Después de su victoria, lo nombrarían jefe de la milicia, compuesta por los aldeanos a los que estaban entrenando para la autodefensa, una especie de guardia interna, pero no jefe del Ejército; lo nombraron viceministro de Defensa y no ministro. Sin embargo, su extraordinaria hazaña al tomar el Palacio Nacional con solo un puñado de hombres lo hizo más famoso fuera de Nicaragua que a Daniel Ortega, jefe de la Junta, Humberto Ortega, jefe del Ejército, e incluso Tomás Borge, en la actualidad ministro del Interior.

Una vez terminada la guerra civil hubo, inevitablemente, muchas vanidades heridas, y las dos que más daño hicieron a la causa sandinista resultaron ser la de Pastora y la del arzobispo Obando. (El arzobispo había negociado las condiciones de la liberación de los rehenes con Somoza y viajó a Panamá en el mismo avión que Pastora, a fin de garantizar la seguridad del comando).

Luego, como yo había esperado que sucedería, todo lo relacionado con nuestra visita a Belice empezó a salir mal. Camilo me telefoneó por la tarde para decirme que, después de todo, Chuchu no podría ir conmigo. En su lugar iría un francés al que yo no conocía. Me enfadé, sospechando injustamente que se trataba de alguna interferencia sandinista, y dije a Camilo que prefería volver a Europa. Ya había estado demasiado tiempo fuera. Camilo pareció estar de acuerdo y me dijo que me recogería a la mañana siguiente y me llevaría a la KLM para retirar mi pasaje, pero a la mañana siguiente fue Chuchu quien me telefoneó.

—¿Qué pasó anoche para que cambiaran nuestros planes?

Dijo que había estado algo bebido y que no podía recordar nada.

—¿Y qué me dices de ese francés que querían mandar conmigo?

¿Francés? No sabía nada de ningún francés. El General proponía enviarme ese mismo día, en un avión especial, con una mujer que había sido cónsul de los Estados Unidos. Yo la había conocido durante el fastidioso almuerzo en la granja de yuca en 1976 y me había resultado especialmente antipática.

—No iré a Belice con ella. Me regreso a Europa.

El General se sentirá decepcionado. Tiene mucho interés en que vayas a Belice.

—Muy bien. Entonces iré en un vuelo comercial, pero hoy ya es demasiado tarde y he quedado con García Márquez en el aeropuerto.

Llevamos a García Márquez al Señorial para que probara los ponches de ron de Flor, y Márquez telefoneó al embajador cubano, que nos invitó a los tres a almorzar con él en el Pez de Oro. Parecía un restaurante más bien inadecuado para que lo eligiera un embajador comunista y, de hecho, no apareció por allí. Esperamos más de una hora y luego García Márquez y yo nos jugamos a cara o cruz quién pagaría el almuerzo y gané yo. Entretanto Chuchu había telefoneado al General. En ocasiones, tenía la sensación de que Ciudad de Panamá era un inmenso entresijo de líneas telefónicas y un batiburrillo de voces contradictorias. Chuchu me dijo que el General le había comunicado que Price nos había estado esperando en Belice.

—¿Y qué ha dicho de esa mujer, la excónsul?

—Nada. De cualquier forma hoy ya es demasiado tarde.

Cuando volvía a casa vi a un soldado acompañado de un tigre. ¿O acaso fuera un leopardo? Lo llevaba sujeto con una cadena. ¿Sería la mascota de los Tigres?

Tampoco fuimos al día siguiente, porque al parecer debía reunirme en un café con unos estudiantes de la oposición, pero, al igual que el embajador cubano, no aparecieron. Tal vez desconfiaran de mí, sabiendo que era amigo de Omar. Sin embargo, quien llegó inesperadamente fue el ultra del bigote lacio, llamado Juan, con su simpática mujer, y luego Chuchu se reunió con nosotros. Me enteré de que Juan, al igual que Rogelio y Chuchu, era profesor de matemáticas. Al parecer estaba rodeado de matemáticos. Tomamos un pésimo almuerzo en un restaurante chino, después de unos ponches de ron también malos en el Holiday Inn, donde un oficial de Marina americano estaba celebrando por sí solo el acontecimiento que lo había convertido en abuelo.

Chuchu me dijo que ya estaba arreglado el vuelo a Belice, pero teníamos que salir muy temprano y, recordando nuestro fracaso en alcanzar el avión militar que nos tenía que llevar a Managua, hice prometer a la mujer del ultra que despertaría a Chuchu.

Y no me falló. A las cinco y cuarto ella misma nos condujo a Chuchu y a mí al aeropuerto. Resultó ser una lenta jornada hasta Belice, con escalas en Managua, San José y San Salvador, donde el asfalto parecía un hormiguero de aviones de combate. Yo me sentía algo incómodo, pues Chuchu se había dado cuenta, poco antes de subir al avión, de que hacía dos años que había caducado su pasaporte y además carecía de visado para Belice. Sin embargo, íbamos con una misión del General, de manera que todo estaba bien.

Nos recibieron en el aeropuerto y nos condujeron a la ciudad, que, pese a su pobreza, tiene un peculiar y seductor encanto, con sus casas de madera arracimadas, a doce metros de altura sobre las mojadas calles y rodeada de manglares. Tal vez su encanto resida en una sensación de temporalidad, de precariedad, de vivir al borde mismo de la destrucción. La amenaza no solo procede de Guatemala, esa amenaza llega también del mar que parece avanzar inmisericorde, silencioso, semejante a las fuerzas de una guerrilla que un día se apoderará de la ciudad, como ya estuvo a punto de ocurrir en 1961, cuando el huracán Hattie atacó con una ola gigantesca de treinta metros de altura.

Se acercaba la época de los huracanes y en todos los muros aparecían carteles que evocaban los del Blitz en Londres y la ópera de Kurt Weill *The Rise and Fall of the City of Mahagonny* (Auge y caída de la ciudad de Mahagonny).

Habían elaborado una larga lista de nombres para la época de los huracanes, en su mayoría muy poco atrayentes. Me pregunto quién los elegirá. Para aquella época tenían Amelia, Bess, Cora, Debra, Ella, Flossie, Greta, Hope, Irma, Juliet, Kendra, Louise, Martha, Noreen, Ora, Paula, Rosalie, Susan, Tanya, Vanessa, Wanda. Me sentí satisfecho de que mi estancia hubiera de ser corta. Solo habría de soportar a Amelia, no tendría que esperar hasta que Vanessa y Wanda pasaran finalmente.

PRECAUCIONES CONTRA EL HURACÁN
Advertencia para el público en general
Belice City, 1978

FASE I	1 Bandera Roja	Aviso preliminar.
FASE II (Rojo I)	1 Bandera Roja con Centro Negro	Huracán acercándose
FASE III (Rojo II)	2 Banderas Rojas con el Centro Negro	Dentro de unas pocas horas huracán azotará la costa.
FASE IV	Bandera Verde	Todo despejado. Ha pasado el huracán. Pueden ponerse en marcha los Planes de Búsqueda y Rescate.

Empezaba a comprender, o al menos así lo creía, la razón del afecto de Omar por George Price y su ciudad amenazada. Era como si Belice formara parte esencial del mundo en el que Omar Torrijos había elegido para vivir, un mundo de enfrentamiento con potencias superiores, de peligros e incertidumbre sobre lo que el nuevo día podría traer: en el caso de Belice una invasión por parte de Guatemala o un huracán del Atlántico. La única certeza que teníamos de uno a otro día era lo que nos servirían para almorzar, una ensalada de camarones, el único alimento comestible que pudimos encontrar en Belice.

Una vez consumidos los camarones nos condujeron a Belmopan, la nueva capital administrativa que había sido construida alejada de la zona de huracanes. Me pareció una Brasilia en miniatura y, al igual que Brasilia, condenada un día a la muerte, como Washington condenada a la fealdad.

En su despacho, Price me dio la impresión de un hombre tímido, reservado, con ese toque de incómoda humildad de que adolecen con frecuencia los sacerdotes, como si siempre estuvieran poniendo en tela de juicio su propia sinceridad. Pero durante el largo recorrido que hicimos luego en un viejo Land Rover, su único coche, empezó a hablar de manera obsesiva de teología, de literatura, de su propia vida, como un hombre que durante mucho tiempo hubiese estado privado de expresarse libremente. Le interesaba como a mí el jesuíta Teilhard de Chardin, silenciado por nuestra Iglesia, y Hans Küng y también mi admiración por Thomas Mann. Incluso compartíamos nuestra preferencia por *Carlota en Weimar* sobre *La montaña mágica*.

Nos dirigimos hacia la frontera guatemalteca, dejando atrás las granjas Mennonite, donde pudimos ver rostros alemanes severos, herméticos. Allí las mujeres no tenían libertad, tampoco había matrimonios mixtos. Nos detuvimos en las grandes ruinas mayas de Xunantunich, donde Chuchu intentó, aunque en esta ocasión en vano, comunicarse con sus antepasados. Lo dejamos solo durante algún tiempo, emitiendo extraños ruidos frente a las grandes piedras, insensibles a sus invocaciones.

—Hace algunos años le escribí en una ocasión —dijo Price.

Intenté recordar por qué extraño motivo el primer ministro de Belice intentó entrar en contacto conmigo, pero mi memoria permanecía tan callada como los templos mayas.

—Le preguntaba qué había en *The Over-Night Bag*.

The Over-Night Bag era el título de una historia corta que escribiera hacía ya bastantes años. Me avergonzó el pensar en el gran número de cartas que había tirado a la papelera sin contestar, por lo que me sentí aliviado cuando Price me dijo:

—Me sentí muy contento al recibir contestación.

—¿Y qué le decía?

—Me escribió usted diciéndome que en el maletín no había nada.

Supongo que fue la dirección exótica de Belice lo que me indujo a contestar, ya que por entonces el nombre de George Price nada podía decirme. Pasarían más de diez años antes de que me viera envuelto por Omar en la política de Centroamérica. Resultaba extraño pensar en cómo una respuesta trivial como aquella me había hecho ganar un amigo, ya que durante aquel viaje hasta la frontera de Guatemala, y el de regreso, tuve la convicción de haber logrado su amistad.

Y para mí esa amistad es sumamente valiosa, pues hoy día es uno de los líderes políticos más interesantes del mundo, gobernando una parroquia de ciento cuarenta mil habitantes, formada por criollos, alemanes, indios mayas, negros caribeños, árabes, chinos y refugiados de habla española de Guatemala.

He escrito *parroquia* porque creo que es así, precisamente, como George Price considera a Belice. En lo que se refiere a la religión, Price es católico romano, y socialista en cuanto a la política, aun cuando jamás piensa ejercerla. Siempre fue su ambición consagrarse sacerdote. Al terminar sus estudios ingresó en un seminario, aunque tuvo que abandonarlo a la muerte de su padre, para ocuparse de la numerosa familia. Aún sigue viviendo como lo haría un sacerdote, célibe, en una de las pequeñas casas arracimadas de Belice City. Todas las tardes vuelve allí desde Belmopan y se acuesta a las nueve, como muy tarde, porque se levanta a las cinco y media de la mañana para la Misa y Comunión diaria, y a las ocho y media está otra vez en su despacho en la nueva capital. Me relató el mismo sueño que ya contara con anterioridad a V. S. Naipaul, durante la visita de este a Belice. En su sueño había visto, embargado por la envidia y la indignación, a un sacerdote del que él sabía con certeza que era un viejo réprobo, decir Misa y consagrar la Hostia, rito que a él le estaba vedado.

Mientras atravesábamos Belice pensé una y otra vez en el sacerdote que alentaba en el corazón de Price. Su saludo con la mano se asemejaba a una bendición y siempre detenía el viejo Land Rover cuando un indio o un negro le pedían que los llevara. Era el polo opuesto de los granjeros Mennonite, que nos observaban pasar con taciturna desaprobación, ante nuestro comportamiento infiel.

En la frontera un cartel en español desafiante, afirmando la independencia de Belice: BELICE SOBERANO INDEPENDIENTE, frente a otro cartel guatemalteco en inglés: BELIZE IS GUATEMALA. A Price le divirtió atravesar la frontera conmigo y entrar en el edificio de Aduanas guatemalteco para charlar con los funcionarios, que lo recibían como a un viejo amigo.

De regreso pasamos por Orange Walk Town, que es poco más que una aldea, pero que tiene un cine y más de un hotel. Price planeaba celebrar allí un festival internacional de cine, ya que se encontraba a salvo, lejos del cinturón del huracán. Me dijo que tenía la intención de invitar a estrellas de cine mundialmente famosas, pero dudo de que alguna vez llegara a hacerse realidad aquel sueño suyo. Yo mismo me imaginé a las estrellas sentadas ostentosamente ante un plato de camarones, antes de acudir al cine cuyo aforo era, tal vez, de doscientas butacas.

En un vado sobre el New River, un campesino nos detuvo para explicar que la recepción de su radio era mala y Price tomó nota. Tomó otras muchas notas semejantes y en el intermedio volvimos a ocuparnos del tema de Hans Küng sobre infalibilidad y del tratamiento que Thomas Mann diera a Goethe.

Aquella noche en Belize City, Chuchu y yo ingerimos una desastrosa cena a base de camarones en un pequeño café en los muelles y escuchamos las iracundas vociferaciones de un orador negro que se encontraba abajo, en la calle. Al principio pensamos que se trataba de un mitin político de la oposición conservadora, pues los habíamos visto circular por la ciudad en *jeeps* adornados con Union Jacks. Pero estábamos equivocados. Era un mitin religioso y el orador proclamaba sus puntos de vista sobre la moralidad de la familia y hasta qué punto los maridos descarriados eran la maldición de Belice. Parecía encontrarse en un continente distinto, muy alejado de la sofisticación de Panamá.

Pero al día siguiente surgió el mundo en las páginas locales de la prensa. En Nicaragua había fracasado un golpe, y fueron detenidos doce oficiales de la Guardia Nacional y más de un centenar de civiles. Somoza amenazaba con fusilar a los huelguistas y en el *Reporter*, el periódico de la oposición de Belice, se hablaba de un «supuesto escritor llamado Green», comisionado por el comunista Torrijos para entrevistarse con su compañero comunista Price, por motivos aún desconocidos pero, sin duda alguna, siniestros.

A nuestro regreso de Corozal, un pequeño pueblo en el Norte, cerca de la frontera mexicana, Chuchu y yo leíamos el relato de nuestra misión. Price me había dicho que el doctor Owen, por entonces ministro para Asuntos Extranjeros británico, y el alto comisionado británico en Belice se mostraban ansiosos por negociar un acuerdo con Guatemala, ofreciendo la cesión de una porción de terreno con salida al mar.

—¿Cómo es posible que pueda «negociar» un pequeño país de ciento cuarenta mil habitantes? —preguntaba—. Solo podemos luchar o someternos.

Si permitían que Guatemala se llevara un trozo del pastel, con toda seguridad México pediría también su parte, en Corozal, y poco quedaría ya de Belice. Corrían rumores, con frecuencia infundados, de yacimientos de petróleo costeros, lo que contribuía a aumentar el peligro.

Al día siguiente Chuchu y yo teníamos que salir en dirección a Costa Rica, donde Chuchu tenía una cita con un jefe sandinista. Antes de irnos acudimos a la convocatoria semanal que el Primer Ministro celebraba en Belize City y lo vimos ocuparse de los problemas de sus constituyentes. Una vieja campesina se lamentó amargamente de su casa llena de goteras, que ya no había forma de reparar, y se convocó a un policía que respaldó su historia. Price le prometió una sustitución inmediata y la campesina aplaudió al tiempo que anunciaba que daría una fiesta en la nueva casa, para celebrarlo.

Antes de salir en dirección al aeropuerto tomamos un típico almuerzo de Belice, la elección se limitaba a camarones o hamburguesas. Luego, no sé si por descuido o por culpa del diablo que acosaba a Chuchu, desde luego no por culpa del inexistente alcohol, tomamos, por segunda vez en mi vida, el avión equivocado, de tal manera que nos encontramos anclados en San Salvador, esperando durante horas para realizar un trasbordo. Aguantamos haciendo acopio de paciencia. Nada podría inducirnos a abandonar la seguridad del aeropuerto, y yo rezaba para que nadie a nuestro alrededor reconociera a Chuchu y que su relación con los rebeldes sandinistas permaneciese en el anonimato.

Chuchu sentía un absoluto desprecio por Costa Rica, el único Estado centroamericano que no tenía ejército, aun cuando estuviera convenientemente situado para facilitar sus actividades clandestinas, habiendo entregado en diversas ocasiones armas a los sandinistas en sus fronteras con Nicaragua, utilizando su avioneta de segunda mano. Creo que incluso se sentía irritado por la facilidad y seguridad de sus operaciones. De cualquier forma hacía ya mucho tiempo que se había mostrado ansioso por enseñarme Costa Rica a fin de que yo pudiera comprender y compartir su menosprecio.

Desde luego San José me pareció una ciudad triste bajo la intensa lluvia y empecé a impacientarme con uno de los sospechosos contactos de Chuchu, que insistía en alejarnos de nuestro hotel y conducirnos a un pequeño restaurante de su elección al otro extremo de la ciudad, donde permanecimos completamente empapados durante una comida tan mala como cualquier otra en Belice. Con frecuencia se ha llamado a Costa Rica la Suiza de Centroamérica, pero yo lo único que puedo decir es que calumnian a Suiza.

A la mañana siguiente Chuchu se puso en contacto en un café con un hombre serio, alto y moreno que llegó acompañado de una joven muy atractiva que me pareció haber conocido el año anterior, junto con otros refugiados, en la Casa del Pichón. La joven y yo mantuvimos una charla insustancial, sentados a una mesa lo bastante alejada de Chuchu y su compañero para que yo no pudiera enterarme de lo que discutían. Transcurridos más de cuatro años volví a encontrarme con ellos en Managua. Se trataba del comandante Daniel Ortega, el jefe de la Junta nicaragüense, y de su mujer Rosario.

Aquella misma tarde regresamos a Panamá y dos días más tarde, después de informar a Omar sobre nuestra visita a Belice, me despedí finalmente de Chuchu en el aeropuerto antes de abordar el avión de la KLM con destino a Ámsterdam. En aquella última reunión con el General no hubo nada en realidad sobre lo que informar, excepto mi aprecio por Price y mi desagrado hacia sus enemigos conservadores, con sus insensatas acusaciones, su violenta oposición a la independencia y su fingida lealtad a la Unión Jack.

Una de las cualidades más atractivas de Omar era su deseo por conocer las opiniones de otros respecto a las personas con las que tenía que tratar. No lo ofendió mi suspicacia hacia su jefe de Estado Mayor, el coronel Flores. Se limitó a tomarla en consideración. En realidad mostraba un respeto exagerado hacia ese instinto, en cuanto a los caracteres humanos, que acaso sea inherente en un escritor imaginativo, y se sentía tranquilizado cuando García Márquez o yo mismo sentíamos simpatía por el mismo hombre o la misma mujer que a él le agradaban. «¿Qué piensas de esto o de aquello?» era una pregunta que siempre tenía a flor de labios. Era leal con sus amigos, con Tito, a quien veía como una figura paternal, con Fidel Castro porque había luchado en una guerra que él anhelaba que hubiera sido la suya, y su opinión no cambiaba en modo alguno por cuanto hubiéramos podido decirle, pero se sentía feliz cuando nuestro juicio coincidía con el suyo. De modo que le gustó saber que George Price me agradaba y tal vez fuera esa la única razón de que nos hubiera enviado a Belice. Para que uno de sus amigos pudiera conocer al otro.

Cuarta parte (1979 y 1980)

1

En 1979 la guerra civil en Nicaragua llegó a su fin. Somoza fue derrotado y huyó del país, y los sandinistas habían llegado finalmente al poder. Ya no había motivo para que el teléfono volviera a sonar convocándome de nuevo a Panamá.

Por mucho que echara de menos la amistad de Omar y Chuchu, tenía buenos motivos para permanecer en mi casa, en Francia. En marzo fui hospitalizado y me quitaron parte de los intestinos; casi de forma simultánea, se desencadenaron los acontecimientos en mi vida privada y en la de mis amigos, lo que finalmente me impulsó a escribir un panfleto titulado *J'Accuse*.

Para mí, en aquellos momentos, el campo de batalla estaba en Francia, no en Centroamérica. La lucha era en defensa de una joven madre, la hija de mi mejor amigo, y sus dos hijos pequeños. Me enfrentaba con la violencia en mi propia casa y no a lo lejos, del otro lado de una frontera, y no tenía tiempo para preocuparme por la política en Centroamérica. Además, durante meses después de mi operación fui un hombre prácticamente exhausto, que tenía que racionar la fortaleza que le quedaba y que no podía pensar en un largo vuelo hasta Panamá.

De cualquier forma, si uno toma partido lo hace con todas las consecuencias. No escaparía a mi compromiso así como así. Yo no podía ir a Panamá pero fue Panamá quien vino de nuevo a mí. El último día de abril a la una de la madrugada me despertó el teléfono y escuché la voz de Chuchu.

—Pensé que no estabas ahí, Graham.

—Estaba dormido como un leño, Chuchu. ¿Dónde estás tú?

—En Panamá, naturalmente. Tengo un mensaje para ti del General. Envía a alguien a verte. Llegará a Antibes en los próximos días. El General tiene grandes deseos de que hables con él.

—¿Qué día llegará?

—Eso no lo sé. Ya ha salido de Panamá. Ahora creo que se encuentra en México. Ayer el General preguntó cuándo vas a venir a Panamá.

—No puedo ir, Chuchu. Al menos este año. He estado enfermo y además he tenido dificultades aquí. No puedo irme.

—¿Pero verás al mensajero?

—Desde luego.

Dos días después, cuando me disponía a acostarme, sonó de nuevo el teléfono. Una voz me dijo que el que hablaba tenía un mensaje para mí del General y quedé citado con él a la mañana siguiente. Cuando llegó lo reconocí como el joven que un día viera acompañando a Omar. Me preguntó si había leído en la Prensa, haría más o menos un mes, la noticia del secuestro de dos banqueros ingleses por la guerrilla de El Salvador.

—Sí, lo recuerdo.

—El General teme que estén en peligro de muerte. Parece que el banco ha perdido todo contacto con la guerrilla. Quiere que usted hable con su oficina central en Londres y les diga que la guerrilla está dispuesta a suprimir dos de sus condiciones: la primera la liberación de seis de sus miembros. Seguramente ya sabían que esos hombres habían muerto. La segunda condición a la que estaban dispuestos a renunciar era respecto a un comunicado que había de publicarse en la prensa local e internacional. Quedaba tan solo la tercera. Cuestión de dinero. No deberá dar a conocer al banco su fuente de información.

—¿De qué banco se trata?

—El Bank of London.

Yo había oído hablar del Bank of England, pero no del Bank of London.

—¿Está seguro del nombre?

—Sí, desde luego. El asunto es muy urgente.

Me sentí en extremo agradecido por mi ejemplar del *Whitaker's Almanack*. Con su ayuda identifiqué el banco a que se refería como Bank of London & Montreal, una filial del Lloyds International con la sede central en Nassau. De todas formas, yo me encontraba absolutamente desorientado en ese mundo de la banca.

—¿Podría volver a las seis y media y cenar conmigo?

Recordé que mi sobrino Graham, director gerente de Jonathan Cape, pertenecía a la rama banquera de la familia Guinness y, siguiendo su consejo, me encontré hablando con un tal Mr. W. que se ocupaba del asunto del secuestro. Fue una conversación embarazosa y vacilante.

—¿Cómo está enterado de todo eso?

—Tengo una fuente en extremo fidedigna, pero no estoy autorizado a dar su nombre.

El silencio que se hizo en la línea parecía rebosante de justificada suspicacia. Mi residencia en Antibes y mi profesión de novelista debieron de parecer a Mr. W. extrañamente ajenas a un asunto de secuestro en El Salvador.

Intenté dar una impresión más convincente.

—Verá, en el transcurso de los últimos tres años he pasado mucho tiempo en Centroamérica. Y he hecho muy buenas relaciones.

—¿Qué cree que haya podido inducirlos a suprimir esas condiciones?

—Creo que tal vez no quieran matar a esos hombres.

La voz, más bien seca, de Mr. W. repuso.

—Esa es también mi impresión.

—He creído entender que han perdido ustedes contacto con la guerrilla.

—Sí.

—Me han dado un número de teléfono en México D.F. Si quiere usted llamar...

Cuando aquella tarde volvió el joven le dije qué había pasado. Dijo satisfecho alzando ambas manos:

—Misión cumplida.

—¿Querría telefonear a Panamá?

—No, pero si no le importa telefonearé a México.

Momentos después colgaba el receptor al mismo tiempo que decía:

—El banco ya se ha puesto en contacto.

Mientras cenábamos, le sugerí que podríamos quedar para la mañana siguiente, antes de que tomara el avión de regreso, y le enseñaría la ciudad vieja de Antibes. Se mostró de acuerdo, pero no apareció. Telefoneé a su hotel pero ya estaba de regreso a Centroamérica y unas semanas después los banqueros fueron liberados. Por un tiempo alimenté la codiciosa esperanza de que recibiría, al menos, una caja de whisky de Lloyds International, como agradecimiento por el misterioso número de teléfono, pero esa esperanza acabó esfumándose. Seguramente los directores creerían que yo había cobrado una comisión de la guerrilla sobre los cinco millones de dólares que creo que pagaron por el rescate.

No sé cómo o cuándo llegué a enterarme del nombre del contacto en México. Era el de mi amigo Gabriel García Márquez. Al parecer este intentaba organizar en Centroamérica algo equivalente a Amnistía Internacional.

Durante todo aquel año estuve ocupado en mi guerra particular y estaba tratando de terminar, con dificultades, una novela corta, *Doctor Fischer of Geneva*, de manera que al llegar el verano y recibir de nuevo un telefonazo de Chuchu preguntándome cuándo llegaría: «El General quiere saberlo», solo pude responder:

—Este año no. Te dije que es imposible. Claro que quiero ir. Acaso el próximo año...

II

Fue en enero de 1980. Una vez más me disponía a acostarme cuando sonó el teléfono y una voz de mujer dijo:

—Mr. Shearer quiere hablar con usted.

Estaba somnoliento y pensé que aquel nombre se parecía al de un productor de cine que hacía tiempo conociera, pero a través del hilo me llegó una voz desconocida.

—¿Mr. Greene?

—Sí, pero permítame preguntarle..., ¿quién es usted, Mr. Shearer?

—Soy el Chargé d'Affaires[8] en París de África del Sur. Pensamos que tal vez usted pudiera ayudarnos.

—¿Ayudarlos?

—Es posible que se haya enterado por la prensa de que nuestro embajador, Mr. Dunne, ha sido secuestrado en El Salvador hace ya unos meses. Nos ha sido imposible ponernos en contacto con los secuestradores. Creímos que usted podría ayudarnos.

—¿Ayudarlos? —pregunté de nuevo.

En aquel momento parecía como si Antibes se hubiera convertido en una pequeña isla anclada en la costa de Centroamérica y estuviese implicada en todos los problemas allí existentes.

—Existe un número de teléfono en México D.F., pero ya no lo tengo. Lo destruí —le dije—. Tal vez si se pone en contacto con Mr. W. en el Lloyds International... En cierta ocasión le di ese número y es posible que lo haya conservado.

Media hora después volvió a telefonear Mr. Shearer y me facilitó el número, ya que solicitaban que hiciera algo más en su favor.

Transcurrieron algunos días antes de que me fuera posible ponerme en comunicación por teléfono con García Márquez.

—¿Un embajador sudafricano? Ese es un problema más peliagudo.

—Es cuestión de humanidad, no de política. Tengo entendido que se trata de un hombre enfermo y que su mujer se está muriendo de cáncer.

Había hablado de nuevo con Mr. Shearer.

—En primer lugar hemos de averiguar cuál de los cinco grupos guerrilleros lo tiene en su poder.

Pasaron unos cuantos días y Márquez volvió a llamarme por teléfono.

—Parece que es el FPL. Pero sería mucho mejor que fuese la familia la que se pusiera en contacto y no el gobierno sudafricano. La razón salta a la vista.

Transmití la noticia a Mr. Shearer, que dijo que lo comunicaría a Pretoria.

---

[8] Encargado de Asuntos Exteriores.

—Pero existen dificultades —me advirtió—. La mujer está agonizando, el hijo es algo *hippy* y solo queda la hija. Pero se trata de una muchacha muy joven.

—¿No hay nadie que pueda fingir ser de la familia?

Durante mucho tiempo no volví a saber nada, pero el 18 de agosto, habiendo cedido finalmente a la insistencia de Chuchu, me puse de nuevo en camino hacia Panamá a las diez treinta de la noche, después de haber pasado ocho horas en el salón Van Gogh del aeropuerto de Ámsterdam, salón en el que había empezado a sentirme como en mi casa. Antes de irme había escrito a Mr. Shearer para preguntarle si podía ayudarlo en algo cuando estuviera en Panamá, pero me aseguró que el asunto estaba ya en manos de Washington. Se había establecido contacto con la guerrilla y sería preferible que yo no interviniera en ningún sentido.

III

A la mañana siguiente Chuchu se encontraba ya en el aeropuerto de Panamá. Se había dejado barba, pero por lo demás no había cambiado en los dos años transcurridos y estaba rebosante de noticias. Al parecer el General quería que yo fuera a Nicaragua dentro de dos días, lo que a Chuchu le venía muy bien porque dos de sus hijos a los que yo ya conocía se encontraban en Nicaragua, enviados por su madre. La hija iba al colegio y estaba ansiosa por incorporarse al Ejército, y su hermano, más joven, pertenecía a la guardia de Tomás Borge y se había herido él mismo, accidentalmente, en una pierna.

Como es habitual en Panamá, nuestros planes empezaron a desquiciarse a causa de las incontables conversaciones telefónicas, que tuvieron lugar entre nuestra degustación de ponches de ron, que seguían siendo malos y caros. Comprobamos desolados que el Señorial se había convertido en un banco más y buscamos en vano a la joven Flor, en cuyos ponches de ron siempre pudimos confiar. En Ciudad de Panamá los bancos crecían tan rápidamente como la cizaña en un jardín. Existían ya ciento treinta, situación más bien extraña en un país bajo el mando de un líder socialdemócrata. En cualquier caso, mi visita a Nicaragua tenía que ser aplazada porque el líder de la guerrilla FPL, Salvador Cayetano, cuyo nombre de guerra era Marcial, estaba en Ciudad de Panamá y quería verme.

Había aún otras noticias personales. Chuchu se había casado una vez más, en esta ocasión con la hermana de Lidia, la mujer de Rogelio el Sandinista, y había tenido un hijo. El General también había tenido otro hijo, con la joven a quien yo conociera hacía dos años. Después del nacimiento, el General había dicho a Chuchu que él también tenía que hacer un bebé y Chuchu, el leal guardaespaldas, había obedecido al punto.

A Chuchu le satisfacía bastante menos otra de las ideas románticas del General, la de rescatar a la señora Perón de la detención domiciliaria que sufría en Argentina. Me presentó a su abogado, llegado de Buenos Aires, en quien Chuchu no tenía la más mínima confianza, y juntos fuimos a ver al vicepresidente, Ricardo de la Espriella, que se apresuró a extender un cheque por veinte mil dólares que Chuchu cobró en el banco, entregando el dinero al abogado.

—Ya no lo volveremos a ver —dijo.

La idea del General era que el dinero se utilizase para sobornar a los policías, con el fin de que hicieran la vista gorda mientras ella escapaba y se dirigía a un aeropuerto donde la estaría esperando un avión panameño. Meses más tarde la Junta argentina la puso en libertad de forma absolutamente normal y se fue a Madrid. De manera que es muy posible que el destino del dinero fuera el previsto por Chuchu.

Bernard Diederich se encontraba de nuevo en Panamá y como Chuchu estaba muy ocupado sentado junto al teléfono, mientras esperaba que el General telefonease, cogimos su coche y nos fuimos a lo que tres años antes fuera la Zona del Canal. Exteriormente se veían pocas señales de cambios, salvo por el hecho de que ahora ondeaba la bandera panameña sobre Ancon

Hill y las oficinas de la Compañía del Canal. Bebimos excelentes ponches de ron y comimos un espantoso estofado irlandés en el American Legión Club, con un amigo neozelandés de Diederich, un hombre en extremo enigmático que evitaba contestar cualquier pregunta directa. No estoy seguro de si temía al corresponsal del *Times* o a mí.

Aquella noche cené con el General. Su amiga también estaba allí y Omar presentó a la criatura con verdadero orgullo. Era una niña.

—Cuando pueda comunicarme con ella ya no te necesitaré —bromeó con su amiga.

Aquella noche se bebió mucho. Allí estaba Boyd, el antiguo ministro de Asuntos Exteriores, y un poeta cuyo nombre no llegué a entender. Nunca antes había tenido la sensación tan honda de que Omar era un hombre solitario, un hombre genuinamente afectuoso, que se aferraba a la amistad con la misma ansia que a los libros, como si le quedara muy poco tiempo para disfrutar de ambos. Hubo un momento en que mostró su enfado cuando yo, a causa de la presencia de un extraño, me comporté con formalismo.

—Me fastidia que me llames General y no Omar.

Luego me preguntó qué me había parecido el vicepresidente.

—Excelente —le dije.

Pareció aliviado. Creo que recordaba mi reacción ante el coronel Flores.

Al día siguiente teníamos que haber salido Chuchu, Diederich y yo con destino a Nicaragua, como invitados de Tomás Borge, pero primero tenía que entrevistarme con el líder de la guerrilla de El Salvador, Marcial. El General me explicó que Marcial se encontraba en Panamá para una conferencia entre los cinco grupos de guerrillas, con el fin de planear los que ellos creían que sería la ofensiva final.

Marcial acudió a mi hotel acompañado de un joven oficial de la G-2. Era un hombre de edad, pequeño, con lentes, con unas manos pequeñas siempre en movimiento y los pies también muy pequeños. En su mirada había algo despiadado, lo que era comprensible, ya que tenía a sus espaldas una larga historia personal de encarcelamientos y torturas. Casi al punto reconoció que su nombre verdadero era Cayetano y sugirió que entrásemos en el dormitorio, dejando fuera al oficial de la G-2. Una vez sentados en la cama, fue directamente al grano.

—Tengo noticias de México de que está usted interesado por la suerte del embajador sudafricano.

Tenía consciencia de lo malas que eran mis cartas.

—Por motivos puramente humanitarios. Su mujer se está muriendo de cáncer —le dije.

Había jugado aquellas cartas con excesiva frecuencia, en mis comunicaciones telefónicas con México, como para tener confianza en ellas. Sin embargo, me escuchó con cortesía y luego se hizo un silencio largo y embarazoso mientras yo intentaba encontrar alguna otra baza que pudiera servirme, pero me fue de todo punto imposible. Fue un verdadero alivio cuando al fin habló. Me aseguró que todo marchaba bien, esas fueron sus palabras y que solo quedaban pendientes algunos pequeños detalles. Por ejemplo, el rescate. Le sugerí los nombres de dos millonarios sudafricanos que acaso estuvieran dispuestos a ayudar. No había oído hablar de ellos y tomó nota. Se estaba humanizando por momentos. Sonreía ocasionalmente y me pareció vislumbrar una chispa de amistad en lo que parecía una mirada fría. Me dijo que abajo estaban cuatro amigos suyos y recordé que en El Salvador había cinco grupos guerrilleros. ¿Podía decirles que subieran y que hablaran conmigo? Acepté la sugerencia y nos reunimos con el oficial de la G-2 en la sala de estar.

Los cuatro eran hombres y Cayetano pidió a uno de ellos que me hablara en inglés. Habló durante mucho rato y con gran monotonía: un ejercicio de propaganda. Cuando acabó les pregunté sobre la muerte de ciertos campesinos. Les dije que a los ojos de Occidente esas muertes, sobre las que había informado la prensa, habían perjudicado su causa.

—En tales casos conviene poner la palabra «campesinos» entre comillas. Eran confidentes —replicó Cayetano.

Mis ideas se concentraban en el hombre secuestrado. Intenté imaginar alguna forma de ayudarlo. Si pudiera hacerles creer que yo podía serles de alguna utilidad, acaso... De forma más bien poco convincente, les sugerí que su causa sufría de «información manipulada» que sus enemigos facilitaban a la prensa extranjera.

Si pudieran enviarme una auténtica información, no propaganda, yo intentaría que la publicaran. Después de esto nos separamos. No volví a tener noticias suyas, la ofensiva final resultó que no fue final y meses más tarde llegó a Europa la confirmación de la muerte del embajador. Era un hombre enfermo y durante meses lo habían llevado de acá para allá como rehén. Mr. Shearer me escribió desde Pretoria.

—En definitiva nos inclinamos a pensar que no fue «ejecutado» como proclamó el FMNL [la organización de los cinco grupos de guerrillas], sino que falleció de muerte lo más natural posible dadas las circunstancias. Desde luego no existen pruebas. Jamás han revelado dónde se encuentra el cuerpo.

Tendrían que pasar aún dos años antes de que volviera a ver a Cayetano y en esa ocasión la reunión fue en Nicaragua, la víspera de su misteriosa muerte.

IV

Al día siguiente Chuchu, Diederich y yo volamos en el *jet* particular de Omar a Managua. Para bien o para mal estaba decidido a continuar con educación y ese fue el motivo de que concertara aquella invitación de Tomás Borge.

Managua es una ciudad casi inexistente, sin centro alguno, ya que el antiguo quedó destruido por el terremoto que enriqueció al presidente Somoza, ya que se embolsó toda la ayuda internacional que se envió a Nicaragua en lugar de dedicarla a reconstruir la capital. En el centro de la antigua ciudad solo queda la catedral, que se encuentra medio en ruinas, el Hotel Intercontinental, un pequeño restaurante mexicano, el Palacio Nacional que fuera ocupado por Edén Pastora y el búnker donde Somoza pasó sus últimos días presidenciales bajo el fuego. Solo había vida en la periferia de Managua, por lo que visitar allí a cualquiera suponía un recorrido de casi media hora.

Llegamos en una fecha de suma importancia. En un intento por reducir la tasa de analfabetismo en un cincuenta por ciento, el gobierno sandinista había enviado a cinco mil escolares de altos niveles a vivir y trabajar con los campesinos en el campo, durante seis meses, y a enseñarles por las noches a leer y escribir. Se produjeron bajas. Alrededor de cincuenta niños murieron por enfermedades y siete murieron a manos de las tropas residuales de la Guardia Nacional de Somoza, que luchaban en guerrillas para salvar a Honduras. Sin embargo, los resultados del ejercicio fueron espectaculares. Aseguraban que el índice de analfabetismo había quedado reducido de un cincuenta a un trece por ciento. Ese mismo día los niños iban a regresar para ser públicamente aclamados, lo que también habría de ser espectacular. El terremoto había dado forma a un inmenso teatro al aire libre con capacidad para seiscientos mil espectadores. Naturalmente todos de pie.

Explicaron a nuestro pequeño grupo que el Hotel Intercontinental rebosaba de visitantes que acudían por ese motivo y que se nos conduciría a una casa muy confortable, fuera de la periferia, y que dos doncellas encantadoras y bonitas se ocuparían de nosotros. Ante el disgusto de Chuchu en el aeropuerto nos recibió María Isabel, que se había separado por entonces de Camilo convirtiéndose en ayudante de Tomás Borge y que, con su uniforme militar, estaba incluso más bonita que dos años antes. Nuestras doncellas nos sirvieron un almuerzo sencillo y excelente, pero yo me sentía desasosegado pues pensaba que me habían apartado de lo que yo, erróneamente, pensaba que era el centro de la situación. No me había dado cuenta de la vaciedad de ese mismo centro. En realidad me sentía injustamente suspicaz, con la sensación de que en el fondo de aquel aislamiento existía un propósito y me sentí proclive a considerarlo como un lujoso arresto domiciliario. No obstante, con el fin de tranquilizarme, Diederich telefoneó al director del Intercontinental, a quien conocía bien de los tiempos de la guerra civil y preparó nuestro traslado allí a la mañana siguiente, una vez terminase el espectacular acontecimiento y los visitantes se hubieran ido. Me sentí más tranquilo pensando que pagaríamos nuestra propia habitación y no seríamos una carga para los sandinistas. Después de almorzar volvimos a Managua.

Nuestros asientos en la tribuna se encontraban en la parte que daba el sol y el calor levantaba ampollas, aunque no parecía haber desalentado a la inmensa muchedumbre que se apiñaba abajo, prácticamente codo con codo. En la tribuna se encontraban los ministros del Gobierno, los miembros de la Junta y el presidente de Costa Rica. Los escolares desfilaron bajo atronadores aplausos, cada grupo con su propio estandarte, y luego tuvimos que soportar tres horas de discursos. Una revolución coronada por el éxito parece ir siempre acompañada de largos discursos, al igual que en la guerra hay prolongados períodos de espera antes de entrar en acción.

En primer lugar habló el presidente de Costa Rica. Como buen socialdemócrata abogó seriamente por unas prontas elecciones. Quienes se encontraban en la tribuna lo escuchaban en lúgubre y desaprobador silencio, al igual que la multitud que se encontraba abajo. No se produjo la menor señal de entusiasmo. Después de una victoria militar contra todo pronóstico, unas «prontas elecciones» no es un tema que despierte entusiasmo en Centroamérica. El siguiente en hablar fue otro forastero, el obispo de Cuernavaca, popularmente conocido en México como el Obispo Rojo. Tampoco él logró despertar interés. Seguidamente intervino el jefe del Ejército y ministro de Defensa, Humberto Ortega. Empezó por proclamar con toda franqueza que no habría elecciones hasta 1985 y sus palabras fueron recibidas con entusiasmo por la apretada muchedumbre, e incluso con mayor entusiasmo por los tipos de clase media que se encontraban en la tribuna y que, de esa manera, podían demostrar su desaprobación hacia el presidente de Costa Rica. Era como si los hombres que se encontraban en la tribuna estuvieran dando garantías de lealtad a la multitud con su aplauso y ella les vitoreara a cambio, tranquilizándolos a su vez. «Nada de elecciones antes de 1985» —ese era un lema revolucionario que ellos podían comprender.

Yo me sentía desconcertado ante su reacción hasta que recordé el significado que la palabra *elecciones* tiene en Nicaragua. En el transcurso de su largo reinado Somoza había convocado con frecuencia elecciones, legitimando así su dictadura, al menos ante los Estados Unidos, ganándolas siempre por abrumadora mayoría, de tal forma que para la mayoría de la gente que se encontraba allí la palabra *elecciones* significaba 'engaño'. «Nada de elecciones» para ellos era una promesa de que no habría engaño.

Después de aquel comienzo popular, Ortega habló durante demasiado tiempo. Su discurso se prolongó por más de una hora y desde luego no era Castro. Perdió la atención de la multitud. Empezaron a agitarse inquietos y hasta la tribuna llegó un fuerte murmullo de conversaciones. Podía verse cómo empezaba a alejarse la gente. Muchos forcejeaban por salir de allí y volver a casa. Pero entonces la pequeña y ardiente figura de Tomás Borge ocupó el lugar de Ortega y en la multitud se despertó de nuevo la atención, todos los rostros se volvieron hacia la tribuna, los murmullos cesaron. No habló más de cinco minutos, pero se dirigía a una audiencia que escuchaba cada una de sus palabras.

El sol calentaba de manera insoportable. En el cielo apareció una pequeña nube amenazando lluvia, pero luego se alejó. Decidimos esperar a oír a otro más de los oradores. Mereció la pena, se trataba de una campesina de mediana edad. Era una de aquellas a las que los escolares, en su cruzada contra el analfabetismo, habían enseñado a leer y escribir y entonces leyó ante la inmensa y silenciosa audiencia algo que ella misma había compuesto, y ese algo era un poema. Recordé lo que me dijera Chuchu, que Nicaragua era tierra de poetas.

Una vez bajamos de la tribuna nos encontramos con los hijos de Chuchu. El muchacho aún cojeaba a consecuencia del accidente con su rifle y la joven discutía ardorosamente con su padre sobre su deseo de abandonar el colegio e incorporarse al Ejército.

Y vagando solo por allí —no se le había visto en la tribuna entre los jefes de la revolución— se encontraba el héroe que se apoderara del Palacio Nacional, Edén Pastora o Comandante Cero, como le llamaban cuando lo conocí en Panamá, después de heredar el título del hermano de Camilo. Sus hermosos rasgos de actor reflejaban un sentimiento de soledad, tristeza, decepción. No me sorprendió el enterarme un año después que se había vuelto contra los sandinistas y se había exiliado. Después de haber llevado a cabo la hazaña más espectacular de la guerra civil, se encontraba limitado a entrenar a la milicia local. Posición honorable la suya, pero ¿acaso un actor que una vez representara el papel de Enrique V entre los aplausos del mundo podía contentarse luego con el papel de Pistol?

Al año siguiente abandonó el país, asegurando que jamás lucharía contra sus antiguos compañeros. Tras lo cual vagó inquieto de Panamá a México, de México a Costa Rica. ¿Gracias a la ayuda de quién? Tal vez de algunos tipos de Miami, el Valle de los Caídos, o por la CIA. Más adelante alteró su promesa. Aun cuando rechazaba al gobierno sandinista, nunca lucharía del lado de los somozistas y creo firmemente que intentó mantener esa promesa. Aún podía olfatear el olor de la gloria, la sensación de luchar contra inmensos obstáculos junto con unos pocos compañeros elegidos. Ahora, mientras escribo esto, se dice que ha formado un comando de unos quinientos hombres, junto a la frontera con Costa Rica, en suelo nicaragüense, a fin de derrotar a sus antiguos camaradas. Su comando constituirá, ciertamente, una molestia peligrosa, pero aun en el caso de que tuvieran éxito sería como una pequeña unidad luchando junto con los Estados Unidos, los escuadrones de la muerte de El Salvador, el Ejército hondureño y los hombres de Miami, todos combatiendo contra el mismo enemigo.

Pastora es una figura trágica. Con su valor y su carisma, cualidad peligrosa; cuando un hombre llega a tener consciencia de que la posee, se ha visto condenado a la desilusión. Si llegara a derrotarse a la izquierda marxista, se encontraría de manera inevitable junto a los conservadores y los capitalistas, quienes ahora lo consideran útil, pero que más adelante lo menospreciarán por su sencillez e incluso por su heroísmo. Al cabo de dos años yo mismo me siento atormentado por el recuerdo de aquel hombre solitario, vagando a solas por debajo de la tribuna, donde todos los demás líderes se encontraban sentados frente a la inmensa muchedumbre que había acudido a aclamar lo que él, como el que más, había contribuido a alcanzar.[9]

---

[9] En mi calidad de escritor lento me resulta difícil mantenerme al día con los cambiantes acontecimientos en Centroamérica. Incluso este pie de página escrito en noviembre de 1983 posiblemente esté fuera de actualidad cuando se publique este libro. Durante un tiempo Pastora resultó ser una personalidad más peligrosa de lo que yo pensaba. Después de establecer su cuartel general en Nicaragua, cerca de la frontera de Costa Rica, llegó incluso a adquirir algunos pequeños aviones. Uno de

Después de la parada, los discursos, la muchedumbre, el entusiasmo, me resultaba extraño encontrarme aquella misma noche bebiendo whisky en una lujosa residencia burguesa perteneciente a un miembro de la familia Chamorro, propietaria del periódico conservador *La Prensa*, que pronto habría de convertirse en el más potente adversario del Gobierno sandinista. Pero como suele ocurrir con las guerras civiles, la familia Chamorro se encontraba dividida y Xavier Chamorro, en cuya casa Tomás Borge había concertado la entrevista para hablar conmigo, era el editor de *El Nuevo Diario*, periódico prosandinista. De cualquier forma me parecía muy extraño reunirme con el líder marxista en un ambiente tan auténticamente antimarxista. Quizás él se sintiera tan incómodo como yo, pero por entonces aún no había cuajado totalmente la polarización y en aquel momento casi todo el mundo en Nicaragua daba la bienvenida a la victoria de los sandinistas. El futuro solo se atisbaba en la triste mirada del héroe olvidado que se encontraba debajo de la tribuna.

Aquella fue una visita breve aunque demasiado turística a un país que estaba luchando por recobrar el pulso normal después de una larga guerra civil, y sin embargo no tenía deseo de prolongar mi estancia. Mis problemas personales en Francia requerían mi regreso. Al día siguiente, después de registrarnos en el Hotel Intercontinental, nos dirigimos al pequeño pueblo de Masaya, que un día fuera el escenario de algunas de las más cruentas batallas, y cuyas cicatrices aún ostenta. Y luego a la hermosa ciudad de Granada, de carácter muy conservador, donde Chuchu tuvo un duro enfrentamiento con una periodista de *La Prensa*.

Los días que pasé en Nicaragua no tuvieron nada que envidiar a los que pasé en Panamá, en cuanto a frustraciones y retrasos se

---

ellos fue derribado cuando sobrevolaba Managua intentando bombardear la casa del ministro de Asuntos Exteriores, el padre D'Escoto, y otro bombardeó el pequeño puerto de Corinto, sobre el Pacífico. Pero luego, aferrándose a los últimos vestigios de su promesa, se negó a aceptar la sugerencia de la CIA de que, en agradecimiento por su ayuda, debería unirse a la principal organización contrarrevolucionaria en la que figuraban miembros de la antigua Guardia Nacional de Somoza, retirándose del escenario de la lucha. Pero ¿por cuánto tiempo?

refiere. Habíamos planeado regresar a Panamá en una fecha determinada y tuvimos suerte al hacer la comprobación y descubrir que María Isabel se las había arreglado, no se sabe cómo, para hacer nuestra reservación para un vuelo que no existía. Tampoco fuimos muy afortunados con el vuelo al que nos cambió. Con la idea de pasar el tiempo nos dirigimos a León, una ciudad mucho menos bella que Granada, y nos acercamos al fuerte en el que fueron asediados los hombres de Somoza. También visitamos allí la casa de un pequeño comerciante donde un partidario sandinista nos enseñó cómo habían ocultado armas a la Guardia Nacional, bajo el doble pavimento de un armario.

De regreso a Managua no estuvimos muy acertados en la elección de un restaurante para cenar. Se llamaba Los Ranchos y servía una comida mala y cara con pretensiones de falsa elegancia. En aquel lugar se fortaleció mi simpatía por los sandinistas al sentirme rodeado por sus adversarios, hombres con corbata y chaleco que se ponían de punta en blanco pese al calor para una velada fuera de casa, y que nos observaban con suspicacia por nuestras camisas desabrochadas, suspicacia compartida por los meseros, que, de forma deliberada, nos servían con retraso. Allí nos encontrábamos en territorio enemigo y me sentí muy contento de esfumarnos tan pronto como nos presentaron la cuenta.

Al día siguiente nos despertamos temprano porque no teníamos todavía boletos para el avión panameño, ya que María Isabel había llevado a cabo la segunda y difícil hazaña de obtener nuestros pasajes aunque sin reservación. El avión llegó puntual, pero hubo un retraso inexplicable e indefinido para subir a él. Llegó Tomás Borge con escolta armada para despedirnos y quiso que se tomaran fotos del acontecimiento. Desafortunadamente me habían robado la cámara en la habitación del hotel, con gran alivio por mi parte, porque me dispensaba de la responsabilidad de tomar fotografías, aun cuando lamentara la pérdida de algunas muy buenas fotografías de aves rapaces en Ciudad de Panamá. Sin embargo, Tomás Borge tenía la suficiente autoridad para que en una tienda del aeropuerto le facilitaran una cámara, de modo que dispongo de un documento gráfico de nuestra afectuosa despedida.

Finalmente logramos subir al avión; este empezó a deslizarse por el asfalto y, de repente, a través de las ventanillas solo pudo verse humo. El avión se detuvo bruscamente y nosotros bajamos. Se nos dijo que el avión no podría despegar ese día, lo que resultó ser falso. Eran las diez de la mañana. El único otro avión disponible era salvadoreño y no podríamos salir hasta las seis de la tarde. Cambiamos a él nuestras reservaciones. Con escasos ánimos me dediqué a la búsqueda de mi cámara, afortunadamente sin éxito, y después de almorzar en el hotel nos dirigimos al volcán que domina Managua en el que, al decir de las gentes, Somoza habría arrojado los cuerpos de algunos de sus adversarios. Del cráter ascendía una delgada columna de humo, semejante a la de un crematorio, y muy abajo, en el fondo del propio cráter, revoloteaban docenas de periquitos semejantes a cometas multicolores manejadas por una mano oculta. Me entristeció abandonarlos para volver al aeropuerto, donde nada parecía marchar bien. Eran las cuatro y media. Después de todo, el vuelo panameño había salido a las tres y el avión salvadoreño se decía que llevaba cuarenta minutos de retraso. Aquella parecía una perspectiva optimista. Más tarde anunciaron que el avión ni siquiera había despegado de Miami y que, tal vez, tampoco llegaría.

La política puede ser una distracción para el aburrimiento, y en aquel momento la política surgió en el salón en la persona de un distinguido negro con una indumentaria Mao, seguido de su mujer, o tal vez la secretaria o la amante, y un sirviente. Tomó asiento con decisión junto a nosotros, dejando a sus acompañantes en dos asientos menos confortables detrás de él y, después de un saludo inicial, se hizo el silencio. Tuve la sensación de que sospechaba de nosotros, quizá por ser yo inglés, un antiguo colonialista. Me pregunté por cuánto tiempo nos veríamos condenados a aquel agresivo silencio.

Recordé la botella de whisky que siempre llevaba en mi maletín y sugerí que, ya que habíamos de esperar indefinidamente, podíamos pedir un poco de agua y abrir la botella. El extranjero aceptó pero lo rechazó para sus acompañantes; el whisky tuvo un efecto inmediato. Una gran volubilidad siguió a su silencio inicial. Había visitado Nicaragua en representación de Mr. Bishop y del gobierno de Granada. Con la historia de su vida, descargó toda una serie de clichés marxistas. Era abogado y había hecho el doctorado en Dublín. Resultaba difícil imaginarlo paseando por las orillas del Liffey o sentado en un pub irlandés. Posteriormente fue convocado al colegio de abogados de Londres. Preguntó mi nombre y dijo que en el colegio le habían hecho leer algunas de mis obras. Después de un segundo whisky me invitó a ir a Granada como huésped de su gobierno y le dije que le comunicaría mi decisión. Más adelante hablé de él con Omar.

—Sí, conozco a ese individuo —me dijo—. Está a la derecha del presidente y muy a mi izquierda.

Por fin llegó el avión de Miami y en él viajaba el arzobispo de Canadá, canadiense de nacionalidad.

—Por todos los santos, que no nos vea —dije a Chuchu. Pero no había peligro de que nos descubriera.

Tan pronto como aterrizó el avión, el arzobispo se precipitó hacia la tienda con franquicia, abierta tanto a los pasajeros que llegaban como a los que partían, mientras que nosotros aguantábamos nuestra sed, para saciarla en un pobre restaurante jamaicano al que nos habíamos aficionado, el Montego Bay, perteneciente a un viejo y jovial negro cuyos ponches de ron eran casi tan buenos como los de Flor. Mientras los saboreábamos reflexionaba una vez más:

—Bueno, gracias a Omar he visto algo de Nicaragua... mi primera y última visita

Pero una vez más, y como siempre ocurre en Centroamérica, me equivocaba.

Había empezado a desconfiar de la leyenda de que los panameños solo bebían durante los fines de semana. Tal vez mi compañía había llevado a Chuchu por el mal camino pero, cuando después de salir del Montego Bay, nos dirigimos a la segunda residencia de Omar, a casa de Rory González, aún no habían empezado a cenar y las bebidas se prodigaban sin pensar por un momento en el próximo fin de semana. Quizá solo fueran los campesinos quienes respetaran esa regla tácita, debido a su pobreza. Acabamos de cenar muy tarde. Chuchu, con escasa prudencia, había pasado del ron al whisky y de este al vino. Uno de los policías del General se ofreció a llevarme a mi hotel, pero Chuchu se negó en redondo a abandonar el volante de su coche y yo me sentí moralmente obligado a permitir que me llevara. Alguien, haciendo gala de una gran prudencia, había llamado a su mujer, ya que Silvana apareció súbitamente junto al coche. Chuchu, que todavía no se había acostumbrado al matrimonio, la acusó de excederse en sus atribuciones de esposa.

Silvana se mostró imperturbable. Tenía veinticuatro años y él cuarenta y ocho y sabía que a la larga él no tenía nada que hacer frente a ella en cuanto a obstinación. Casi todo el tiempo Chuchu permaneció aferrado al volante y, cuando por fin retiró las manos, bajó del coche sin decir palabra y regresó a la casa, como si se sintiera incapaz de soportar el resultado de su capitulación. Silvana sonreía mientras conducía. Conocía a su Chuchu y estaba segura de él. Quizás eso fuera también un agravante para Chuchu, que pudiera estar tan segura de él.

Mientras nos dirigíamos al hotel, pensé de nuevo en la novela condenada a no ser escrita jamás. *A la vuelta...* Creí descubrir lo que andaba mal, lo que evitaba que se desarrollara libremente en mi mente. La acción se desarrollaba en el mismo Panamá. Debería situarla en un imaginario Estado centroamericano. Después de todo sabía algo de Nicaragua y también de Belice. *A la vuelta* no debería ser tan solo una referencia al viaje de la mujer con Chuchu y a un regreso que jamás tuvo lugar. La frase debería tener también un significado político. El fracaso de una revolución. El villano de la obra estaría inspirado por el señor V., el hombre a quien en mis charlas con el General había tomado la costumbre de llamar Cara de Pez, una reliquia del régimen de Arias. Pensé en las cenas burguesas en Managua y en los desagradables meseros que estaban de parte del dinero. Ellos también tenían pequeños papeles en la obra. Tal vez no debiera ser Chuchu quien muriera al final de la novela, sino el General, que con tanta frecuencia soñaba con la muerte. Desgraciadamente resultó ser así a fin de cuentas.

V

Al día siguiente Chuchu estaba completamente recuperado cuando vino a recogerme para ir a almorzar con Omar, pero se encontraba algo apesadumbrado porque había perdido a su perro. Era un perro especialmente estúpido, del que muchas veces se había quejado conmigo. Además era salvaje y los vecinos lo aborrecían a conciencia. En esta ocasión había desaparecido sin más y Chuchu había pasado horas recorriendo las calles en su busca.

—¡Cómo aborrezco a los perros! —dijo.

—Entonces, ¿por qué tienes uno?

—Es la única manera de alimentar ese odio en mi interior.

—Ni qué decir tiene que ese perro tiene que representar un papel en *A la vuelta* —dije para mí.

Mientras almorzaba aquel día con Omar, comprendí mejor que nunca que se había establecido entre nosotros una corriente afectiva. Omar había llegado incluso a comparar la amistad que sentía por mí con el afecto hacia Tito antes de su muerte.

—Nuestra relaciones eran algo parecido —dijo.

Tito y yo. Parecía una comparación extraña. Creo que lo que quería decir era que su afecto por ambos estaba basado en una especie de confianza. Como ya he escrito, siempre le gustaba comparar su opinión sobre alguna persona con la mía. Un ejemplo era el pobre Cara de Pez. Omar llegó incluso a adoptar mi apodo cuando hablaba de él. Ahora quería saber mi opinión sobre Tomás Borge. Le dije que, con ocasión de nuestro primer encuentro en aquella casa burguesa, no me había merecido una gran opinión, pero que luego, cuando acudió al día siguiente al aeropuerto para hablar conmigo, mi juicio sobre él cambió totalmente, tal vez porque se mostró más relajado.

—Sí, en un principio resulta desagradable —dijo Omar.

Hablamos de Mrs. Thatcher y de su actitud en cuanto a Belice, que parecía revelar su disponibilidad a negociar con Guatemala. Omar quería que tuviera otra entrevista con George Price. La situación de Belice se hacía cada vez más difícil en relación con su autoritaria y agresiva vecina. Colombia y Venezuela habían dejado de apoyarla. Ahora ya Panamá y Nicaragua eran los únicos países en la Organización de Estados Americanos en los que podía confiar Belice. En aquel momento Price se encontraba en Miami para celebrar una entrevista con el ministro de Asuntos Exteriores de Guatemala, el primer contacto directo entre ambos países. Omar había querido que Chuchu y yo fuéramos a Belice. Ahora deseaba invitar a Price a Panamá y dijo a Chuchu que le telefoneara.

En mi mente quedó grabada una observación de Omar. ¿Era acaso una defensa de Mrs. Thatcher o, por el contrario, la estaba criticando? «La ignorancia puede resultar excelente en la política. Carter y yo estuvimos de acuerdo en lo referente al Tratado sobre el Canal, porque los dos ignorábamos los problemas que planteaba. Si no los hubiéramos ignorado, el Tratado jamás hubiera sido firmado».

A la mañana siguiente Chuchu me telefoneó para decirme que había hablado telefónicamente con Price, pero a la vez reconoció que en aquel momento estaba algo bebido y era incapaz de recordar lo que le había dicho Price. Yo también me sentí a última hora de aquel día algo embriagado después de tres ponches de ron en el Montego Bay y tres pisco *sours* en el restaurante peruano, desde cuya puerta pude ver a varios elefantes avanzando, bajo la lluvia, por el centro de Ciudad de Panamá. Primero un tigre y ahora elefantes. Estoy seguro de que no fue la bebida la que me hizo verlos.

Con la situación en El Salvador y Nicaragua y la amenaza guatemalteca sobre Belice, Panamá parecía rebosar más que nunca con problemas y personalidades políticas. Aquella noche, en casa de un comunista, se celebraba una fiesta en honor del embajador nicaragüense que había sido trasladado a Cuba. Permaneció sentado y solo, con aspecto lúgubre, durante aquella fiesta en su honor, y nadie habló con él hasta que yo lo hice.

De repente todos nuestros planes cambiaron. Price no vendría a Panamá y tampoco nosotros viajaríamos a Belice. Omar estaba de acuerdo con mi imprudente deseo: una visita a Boca del Toro.

VI

Chuchu y yo partimos al día siguiente en un pequeño avión militar. El tiempo era malo. Ráfagas de viento y la intensa lluvia hacían casi nula la visibilidad. Me alegré de que Omar no estuviera con nosotros pues aquel era el tiempo en el que le gustaba volar. Hubiera dicho al piloto que pese a todo forzara la marcha. Sin él nuestro piloto se mostraba más o menos prudente y aterrizamos en David, con la esperanza de que el tiempo mejorara antes de que tuviéramos que sobrevolar las montañas de Chiriquí, en dirección a la costa del Atlántico. Mientras esperábamos, el miedo me proporcionaba argumentos para no seguir adelante. Sugerí que Chuchu y yo tomáramos un coche y fuéramos a visitar de nuevo aquella pequeña aldea en la montaña, Boquete, con su aire fragante, su pequeño hotel y la encantadora anfitriona que se parecía a Oona Chaplin. Pero el piloto albergaba algo del espíritu de Omar. El tiempo representaba un desafío que había que aceptar y al cabo de media hora decidió que había mejorado lo suficiente para que pudiésemos volar.

Yo no veía indicio alguno de esa mejora, aunque sí era verdad que ocasionalmente, cuando se abrían las nubes, podíamos divisar por un instante las cimas de las montañas y luego, abajo, el mar rugiente.

Aterrizamos en medio de un auténtico diluvio en una pequeña isla que parecía estar sumergiéndose en el agua bajo el peso de la tormenta. Aquella era la Boca que yo me había mostrado tan decidido a visitar.

Caminamos, con el agua hasta el tobillo, hacia un pequeño hotel llamado Bahía, que se encontraba frente a un malecón donde solían amarrarse las embarcaciones bananeras. Tras un rápido vistazo al hotel me sentí realmente aliviado cuando nos dijeron que no tenían habitaciones disponibles. Al parecer, en aquel ignorado pueblo se estaba celebrando una feria agrícola e incluso había visitantes dispuestos a acudir desde las otras islas. Pensé aliviado que dadas las circunstancias tendríamos que volver, pese al tiempo que hiciera. Pero mientras permanecíamos allí de pie, empapados y discutiendo las posibilidades, regresó el propietario. Había encontrado una habitación para nosotros, nos dijo. ¡Y qué habitación! Todo el mobiliario lo componían dos camas de hierro y una silla. Del techo colgaba una bombilla, no había aire acondicionado que aliviara el calor húmedo que hacía y en las ventanas no había tela metálica contra los mosquitos. Incluso envidié al piloto que se disponía a volver a Panamá, pese a la tormenta. Me dijo que nos recogería a la mañana siguiente a las nueve y media. No pude evitar el pensar qué pasaría suponiendo que el tiempo empeorara más y nos quedáramos aislados durante días en ese terrible lugar. Un espantoso almuerzo en un restaurante vacío no contribuyó en modo alguno a levantar nuestro ánimo: un sopicaldo con dos trocitos de carne flotando en él y un trozo de pollo, casi todo pellejo. En cuanto a ron ni hablar, tan solo cerveza embotellada y muy floja.

Bueno, la lluvia había cesado, por lo menos de momento, y no teníamos otra cosa que hacer que visitar la supuesta feria instalada en un campo, al otro lado de la isla. No tenían alcantarillado, la lluvia se acumulaba allá donde caía y cruzar una calle sin mojarse significaba tener que dar un gran salto, prácticamente volando.

La feria consistía en una doble fila de puestos escasamente interesantes, al menos para nosotros, pues era evidente que representaba todo un acontecimiento para los habitantes de Boca de Toro. En su mayoría eran negros originarios de las Indias Occidentales y entre aquel guirigay de voces podía distinguirse el inglés, el español y el criollo.

Chuchu se encontró con un conocido negro, llamado Raúl, que una vez fuera alumno suyo y los tres nos acercamos a un puesto para beber un pésimo ron.

Al parecer, Raúl tenía la intención de presentarse como candidato independiente a las elecciones que se celebrarían en 1981 y que quedarían abiertas a todo partido político como resultado del Tratado sobre el Canal. Sus oponentes representaban al Partido Comunista y al nuevo partido gubernamental, fundado por Omar. Pero tenía una queja. Su circunscripción abarcaba varias islas y, a diferencia de sus adversarios, no tenía dinero para alquilar una embarcación e ir a visitarlas. Ni siquiera tenía dinero para comprarse una camiseta, prenda que él consideraba esencial para desarrollar con éxito una campaña. Se acercó a nosotros otro hombre a quien Raúl presentó como su gerente, pero fui incapaz de entender una palabra de su inglés.

Aquel pésimo ron empezó a actuar sobre mi vejiga y tuve que dirigirme a un pequeño y maloliente cobertizo para orinar frente a la pared. Un negro se situó junto a mí para hacer pis y en seguida empezó a hablar. Me dijo que era ingeniero, que dentro de unos años se retiraría con una pensión y entonces se ocuparía de la gran plantación de cacao de su padre.

Nos abrochamos uno al lado del otro, pero no hizo el menor intento de abandonar el cobertizo o de dejar de hablar.

—Entonces será un hombre rico —le dije.

—Rico no, aunque sí bien acomodado, hombre.

Siguió diciéndome que su abuelo había sido profesor en Oxford.

—¿Ha oído hablar de Oxford, hombre?

—Sí.

Llegó otro hombre para hacer pis. Quería venderme una vieja espada. Le expliqué que si llevara conmigo semejante arma, en el avión me detendrían como atracador. Luego el nieto del profesor de Oxford me sableó el precio de un vaso de ron y al fin pude alejarme para reunirme con mi amigo. Raúl reconoció al hombre tan pronto como lo describí. Dijo que en Boca de Toro se le conocía como el Mayor Embustero. En cierta ocasión había tenido en jaque a toda la fuerza de la Policía buscando en el lugar equivocado un avión estrellado.

Me sentía incapaz de seguir bebiendo aquel horrible ron, así que dije que volvía al hotel. La isla parecía seguir su proceso de hundimiento en las aguas del mar y empezaba a llover de nuevo.

Al salir de la feria me saludó un hombre blanco con acento americano. Me invitó una copa pero le dije que me iba a dormir la siesta. Me dijo que tenía una casa pintada de azul en el malecón, casi frente al hotel.

—No tiene pérdida. Venga a tomar una copa cuando le parezca —me dijo.

Inicié el camino de vuelta, pero un coche de la Policía se detuvo junto a mí y me ofreció llevarme.

—Será más seguro para usted —me aseguró un policía, y esto me trajo a la memoria la camioneta de la Policía en Colón.

Una vez en el hotel descubrí que el único foco, monda y lironda, que había en el dormitorio estaba fundido, así que cuando anocheciera solo habría la luz que entrara del cuarto de baño. Me tumbé e intenté en vano interesarme en el *Ragtime* de Doctorow hasta que cayó la noche y se hizo imposible la lectura. Y también el sueño. Permanecí allí tumbado durante una hora sintiendo una terrible nostalgia de mi hogar y mis amigos en Antibes. A pesar de mi afecto por Omar y Chuchu, en Antibes era donde se encontraban mis más queridos afectos. Había dejado en Niza a mis amigos para que se enfrentaran solos a sus enemigos. En el caso de que me necesitaran, en Boca no me llegaría telegrama alguno de ellos. Había reservado para dentro de unos días mi pasaje de regreso a casa, pero en Boca me atormentaba una sensación de desastre, la sensación de que jamás podría alejarme de allí. Y la culpa era mía. Había querido ver el punto donde Colón diera la vuelta. Había querido ver el lugar al que no acudía turista alguno. Antes lo intenté dos veces y no lo había logrado. Debí considerarlo como un aviso de la Providencia.

Finalmente me levanté desesperado y vistiéndome salí a la calle, cruzándola en dirección a la casa del cordial yanqui.

Me saludó amablemente al tiempo que me decía:

—Me llamo Eugene pero casi todo el mundo me llama Pete.

Había colocado unas calaveras a cada lado de la puerta para ahuyentar a los ladrones.

Después de apurar los dos generosos whiskys que me sirviera, me sentí más animado. Me dijo que era piloto de Braniff Airlines y que durante la guerra lo había sido para la OSS, el servicio secreto estadounidense. Había comprado en la isla sesenta y siete acres además de otra casa en una playa por seis mil dólares y proyectaba retirarse allí dentro de dos años y convertir los acres en santuario de aves y otros animales. Quedé asombrado al verlo tan feliz en Boca y lo miré con respeto. No tenía esposa ni familia, pero pronto acudieron dos festivas mujeres de la localidad con las que planeaba pasar una «desenfrenada velada» en la feria. Me invitó a que me uniera a ellos, pero Chuchu había avisado que me estaba esperando.

Nos habían invitado a cenar, creo que Raúl, el candidato a parlamentario, a casa de su madre, Verónica, una mujer dinámica que hablaba un perfecto inglés y que compitió conmigo, vaso a vaso, con whisky al que añadía leche de coco. Cómo era el agua de Boca, es para no creerse. Su novelista favorito era Thomas Mann, como el de George Price, y hablamos de Mann a lo largo de una excelente comida a base de pastel de carne.

Volví solo al hotel, a las 10:30; Chuchu quiso salir, en busca de una noche desenfrenada en la feria. Después de que apagué la luz del baño e intuí mi camino hasta la cama, empezaron los ruidos de ratas, y los gatos fuera se amaban escandalosamente. Me preguntaba cuánto tardarían las ratas en atravesar la pared de madera. Chuchu volvió disgustado de la feria, no tenía el aspecto de una noche desenfrenada. Tan pronto como se apagó la luz del baño, las ratas comenzaron a roer y los gatos a cortejarse.

Pasé una mala noche, pero me levanté optimista. Pensaba, equivocadamente, que había terminado con mi bloqueo de escritor, la novela se movía en mi cabeza. Ahora que ya había decidido que la situaría en un país imaginario y no en Panamá, los personajes, pensé, podían liberarse ellos mismos de sus originales. Chuchu no debería ser más Chuchu y Omar tendría que dejar de ser Omar. Chuchu estaría ahí, al final de la carretera, porque Chuchu sugería un nombre digno para el lugar, Cuno del Toro. Chuchu no saldría volando con su coche, simplemente desaparecería para siempre en la búsqueda de su odiado perro, y el General mandaría a Cara de Pez a traer a la chica de vuelta.

Pasé a un estado de felicidad irreal al contemplar cómo brillaba el sol y Boca se transformó íntimamente. La lluvia se había escapado de alguna forma y las casitas sobre pilares, con sus balcones, me recordaban una ciudad que había amado, Freetown, en Sierra Leona. El avión militar llegó a las 9:15, puntualmente, para recogernos, y en lugar de las dos horas y media que había durado el viaje a Boca, volvimos en hora y cuarto. El cielo estaba despejado y pudimos ver docenas de islas desparramadas a nuestros pies, como un rompecabezas: era posible ver que alguna vez cada pieza había encajado en la otra. Animamos a Raúl porque él esperaba encontrar algún apoyo para su campaña en Panamá.

VII

Después de la comida, Silvana nos dio la noticia de que el detestable perro había vuelto a casa. Chuchu y yo nos fuimos a ver a Omar. Estaba relajado y de buen humor y, cuando oyó que Raúl se encontraba en un estado lamentable, le dijo a Chuchu que le diese cien dólares para sus gastos. «Pero dile que es un regalo de Graham. No deberían enterarse en mi partido de que estoy ayudando a un oponente a derrotarnos». (De hecho, un año más tarde, supe que Raúl, dividiendo los votos, había ayudado a los comunistas a vencer al candidato de Omar en Boca).

Omar me preguntó por cómo evolucionaban mis escritos, mis personajes. Le dije que el momento más prometedor al escribir una novela era cuando un personaje tomaba posesión del escritor, escribía palabras que el escritor no había pensado y se comportaba de forma imprevista.

Hablamos también de Rusia y de mi tema favorito: que un día la KGB mandaría y eso probaría que es más fácil hacer un trato con un pragmático que con un ideólogo. La KGB reclutaba a los más brillantes estudiantes de las universidades, les enseñaba lenguas extranjeras, los hacía ver el mundo exterior.

Marx significaba poco para ellos. Podían ser instrumentos de reforma, en cierta medida, en su propia casa.

—Lo que dices me interesa —me dijo Omar—. No hace mucho me visitó un oficial de la KGB procedente de Sudamérica, un joven muy culto. Hablaba un español excelente. Me mostré muy cauteloso con él, pues temía una trampa. Me dijo que en Rusia no podría haber cambio mientras vivieran los viejos del Kremlin. Dijo que volvería a verme.

¿Lo hizo? Debía de estar al tanto de la amistad de Omar con Carter. ¿Planeaba transmitir algo a Carter por intermedio del General antes de las elecciones americanas, que habría de ganar Reagan? Jamás sabré la respuesta a esas preguntas.

En cuanto a las elecciones, Omar hizo la siguiente observación:

—Claro que quiero que gane Carter. Pero tal vez sea más divertido si gana Reagan.

Siempre esperaba sin la menor esperanza que se produjera una confrontación.

A la mañana siguiente vino a verme Chuchu y me dijo que tenía un mensaje del General. Omar quería que acudiese inmediatamente a su casa en Farallón.

—Dice que va a tratarte como si él fuera uno de tus personajes y a hacerse cargo de ti.

Nos dirigimos hacia allí y encontramos en marcha una gran fiesta, con mujeres y niños por todas partes, de manera que dimos una excusa para no quedarnos a almorzar y, al cabo de un rato, el General nos condujo a una habitación tranquila y allí repitió lo que dijera a Chuchu.

—Ahora me he convertido en uno de tus personajes, Graham, y voy a ocuparme de ti.

Me dijo que habían empezado unas maniobras conjuntas de las fuerzas estadounidenses y panameñas. Quinientos paracaidistas estadounidenses habían sido lanzados a su base, en lo que fuera Zona del Canal, y otros quinientos pertenecientes a la Guardia Nacional, probablemente nuestros viejos amigos los Wild Pigs, lo fueron en Fort Bragg, en Carolina del Norte. Tenía la intención de volar a Fort Bragg el 1 de septiembre, para ver cómo marchaban sus hombres. Pues bien, como uno de mis personajes, tenía que hacerse cargo de mí. Tenía que acompañarlo como oficial panameño, con uniforme de la Guardia Nacional.

—Te daremos el grado de capitán, o el de comandante, o el que te parezca —me dijo.

Por un instante fue una proposición realmente tentadora. Había estado en Washington como delegado panameño con pasaporte diplomático de Panamá. Ahora tenía que desempeñar el papel de un oficial panameño en Fort Bragg. Era al menos una idea divertida.

—Pero tengo la reservación para el 1 de septiembre para Francia.

—Quédate unos días más.

—Me preocupa lo que pueda ocurrir allí.

Chuchu ya le había hablado de mi problema con aquel indeseable de Niza, que estuvo casado con la hija de mis amigos y ahora la amenazaba con el *milieu*.

—No permitiré que un amigo mío se vea atormentado de esa manera —dijo Omar encrespado—. Enviaré a un hombre a Francia para que ese tipo que está molestándote aprenda la lección.

—No. No me parece prudente.

—Entonces envía aquí a esa joven con sus hijos.

Le hablé del trabajo que ella tendría que dejar.

—Le daremos trabajo aquí.

—Se sentiría muy sola. Echaría de menos a sus padres.

—Entonces la enviaremos otra vez a Francia con otro nombre y un pasaporte panameño.

Al darse cuenta de que yo no estaba convencido, añadió:

—Sería mucho más sencillo ocuparse del hombre que la amenaza. ¿Son legales en Francia las máquinas tragaperras?

—No. No lo creo. En Montecarlo...

—Hay un americano a quien ayudé en cierta ocasión. Ve a verlo con uno de mis oficiales de la G-2. Estoy seguro de que sabe cómo poner en su sitio a ese tipo. Tiene conmigo una gran deuda de gratitud.

Dije que pensaría sobre el asunto.

—Y ahora ocupémonos de Fort Bragg.

—No resultaría, Omar. Te indispondrías con el general estadounidense. Yo tendría que estar en el imperio de los oficiales jóvenes. ¿Qué pensarían de un viejo capitán panameño que prácticamente no hablara español y sí inglés con acento inglés?

Hasta hoy he lamentado haberlo decepcionado durante nuestra última reunión, no solo en lo referente a Fort Bragg sino también en cuanto a la solución violenta de todos mis problemas. Nunca perdí un amigo tan excelente como Omar Torrijos.

El tiempo pasaba veloz. Dos ponches de ron en el Montego Bay, una cena en el piso de Chuchu y Silvana y también con su odioso perro, al que mi presencia molestaba como si hubiera presentido que se había convertido en un personaje de mi novela, una última comida en el restaurante peruano con Chuchu y Flor, la chica de los ponches de ron a la que finalmente habíamos localizado. En esa ocasión me acompañaba la suerte. En el aeropuerto gané dinero suficiente en las máquinas tragaperras para una botella de whisky y dos cartones de cigarrillos libres de impuestos.

No me sentí triste al abordar en esta ocasión el avión, porque sabía que regresaría el año siguiente. En Antibes sonaría el teléfono y a través del hilo me llegaría la voz de Chuchu diciéndome que mi pasaje me estaba esperando en la KLM. Elegiría una fecha en agosto, durante las vacaciones judiciales, cuando no pudiera ocurrir gran cosa en nuestra guerra particular. Volvería a beber en el salón Van Gogh de Ámsterdam y llegaría a las nueve y media de la mañana. Chuchu estaría allí para recibirme y ya podía oírlo decirme:

—El General quiere que vayamos a almorzar al Farallón. Iremos en mi avioneta.

O acaso para mi tranquilidad, ya que en su avión me sentía algo incómodo.

—Tengo aquí el coche.

Epílogo (1983)

I

Me encontré en un pequeño helicóptero militar sobrevolando las montañas y la selva de Panamá. Junto a mí estaba Carmen, la hija de Omar, y sus ojos me recordaron los de su padre. Eran honestos y francos. Naturalmente, Chuchu estaba con nosotros. El piloto señaló la zona del bosque, entre dos montañas donde se estrellaron y murieron Omar y sus acompañantes. El tiempo era casi tan malo como le hubiera gustado a Omar. El aparato se balanceaba en todas las direcciones, impulsado por el chubasco. Creo que los tres pensábamos en lo extraño que sería si sufriéramos, en el mismo lugar, idéntico fin que el hombre a quien todos habíamos querido.

Yo no deseaba volver a Panamá. Estaba seguro de que Panamá sin la presencia de Omar Torrijos parecería un país penosamente estéril. Estábamos en enero de 1983 y hacía ya casi siete años, en 1976, desde que visitara por vez primera Panamá. Cuando en agosto de 1981 me enteré de la muerte de Omar, fue como si hbiera quedado cortada una parte completa de mi vida. Pensé que lo mejor sería no resucitar los recuerdos.

Chuchu me había telefoneado con frecuencia desde Panamá, intentando convencerme de volver. Me dijo que el pasaje que no había llegado a utilizar en 198... me esperaba todavía en Ámsterdam, que el presidente estaba ansioso por que fuera, que la familia de Omar quería que fuese y que podía ser «de utilidad». Jamás me explicó en qué consistía esa utilidad y yo, tozudamente, me negué. Tenía una buena razón. Seguía mi guerra contra el tipo de Niza y en Francia tenía pendientes contra mí tres procedimientos legales.

—Los nicaragüenses quieren volver a verte —decía la voz de Chuchu.

Eso no lo creí ni por un solo momento, de manera que la respuesta fue no. Y se repitió una y otra vez, aunque ahora ya no puedo recordar lo que me indujo finalmente y de mala gana a decir «sí».

—Muy bien. Pero solo por dos semanas. No puedo ausentarme de Francia por más tiempo.

II

Al dar la vuelta el avión de la KLM procedente de Ámsterdam, alejándose del Atlántico y empezando a sobrevolar la gran selva de Darién en dirección al Pacífico, comencé a sentirme profundamente deprimido e intenté superar mi talante primero con dos copas de champaña y luego con una ginebra Bols. No me sirvieron de nada.

En el frontal del nuevo aeropuerto internacional se destacaba el nombre de Omar Torrijos y me sentí más entristecido que feliz al verlo recordado con aquellas enormes letras inánimes. Naturalmente Chuchu se encontraba allí para recibirme. Me condujo a un hotel grande y lujoso, construido después de mi última visita.

—¿No podemos ir al Continental? Siempre me ha gustado ese hotel.

—Aquí me resulta más fácil estacionar el coche.

Sentí que decaía mi ánimo cuando nos condujeron a la *suite* presidencial en el piso catorce. En realidad era el trece. Estaba compuesta por una sala de estar con bar, mucho mayor que todo mi departamento en Antibes, un dormitorio casi tan grande y tres puertas que daban al corredor.

—¿Viste a ese individuo con quien hablé en el vestíbulo? —me preguntó Chuchu.

—Sí.

—Es tu guardaespaldas armado. El coronel Díaz, jefe de seguridad, le ha designado para que cuide de ti durante las veinticuatro horas.

Me sentí más incómodo que nunca. En vida de Omar jamás estuve alojado de forma tan lujosa, y tampoco me protegió un policía G-2. Chuchu y su revólver habían sido suficientes y, como él mismo me dijera en el motel de Santiago muchos años antes: «Un arma no es defensa».

Al cabo de más de doce meses de separación charlamos sin cesar, primero en la *suite* presidencial, que, después de un par de whiskys, me pareció menos abrumadora, y luego en el restaurante del refugiado vasco, El Marisco. Este al menos no había cambiado y el policía de seguridad que nos acompañaba a todas partes resultó ser un compañero muy agradable.

Chuchu estaba convencido de que a Omar lo habían asesinado, que en el avión había una bomba y habló de acontecimientos misteriosos que precedieron a su muerte. Pero me puso como ejemplo dos artículos publicados en los que aparecían ataques del presidente Reagan contra Omar. Aquello me pareció una prueba muy poco convincente. No quedé convencido. Omar, que había mantenido muy buenas relaciones con Carter, era un intermediario muy útil para los americanos a pesar de su socialdemocracia. Seguramente la única gente que hubiera podido desear su muerte eran los militares de El Salvador y, acaso, algunos conservadores en su propia tierra. Pero era cierto que existía un misterio del que me enteré más tarde por su amigo Rory González, quien también me dijo que no creía en la existencia de una bomba. Las últimas cuatro noches anteriores a su muerte Omar las había pasado con su mujer. Era como si presintiera en cierto modo su fin y quisiera demostrarle su cariño y su firme lealtad al pasado, mucho más profunda que sus infidelidades.

Después de haber hablado con Chuchu y más adelante con el presidente, con Rory González, con el coronel Díaz, empecé a darme cuenta de qué extraña manera Omar Torrijos seguía muy vivo en Panamá. Chuchu me dijo que, desde su muerte, todas las noches se le aparecía en los sueños y el joven Ricardo de la Espriella, el presidente, a quien conociera dos años antes cuando era vicepresidente y por el que sentía un gran aprecio, también me dijo que lo veía en sus sueños.

—Con su muerte perdí un padre y un hermano —me dijo.

Sus sueños se presentaban todos de la misma forma más o menos. Se producía un grave desastre que él, como presidente, se sentía incapaz de solucionar, y cuando su desesperación era más profunda aparecía en la escena Omar. En uno de sus sueños dos trenes chocaban de frente. Había un espantoso número de bajas y el presidente estaba desesperado y no sabía qué hacer cuando apareció Omar y le dijo: «No te preocupes. Sabrás muy bien lo que hacer —y luego añadió mientras se alejaba—: Me voy a descansar». El presidente me dijo que una noche lo despertó alguien que había entrado en su dormitorio y su mujer le susurró: «Hay alguien en la habitación». También ella había oído los movimientos pero no vio, como él, la imagen de Omar, que se había dejado caer sobre una butaca y tenía una pierna colgando sobre uno de los brazos.

Ciertamente no encontré en Panamá aquella sensación de vacío que yo temía, y sin embargo existían problemas reales sobre los que Chuchu me puso al tanto durante aquella primera mañana. Tal vez el más importante de todos ellos fuera la actitud del nuevo jefe de la Guardia Nacional, el general Paredes. Paredes, que había sustituido rápidamente al mascador de chicle Flores, de quien yo tanto desconfiara, era un hombre de la derecha. Al parecer era amigo del general Nutting, jefe de la base americana instalada en lo que fuera la Zona del Canal, tenía intención de presentarse a las elecciones presidenciales en 1984 y no sentía la menor simpatía por los sandinistas de Nicaragua. No era probable que llegara a hacerse realidad, con la ayuda del general Paredes, el sueño de Torrijos de una Centroamérica socialdemócrata, independiente de los Estados Unidos, aunque sin representar una amenaza que justificara la intervención. Y también se había desvanecido otro sueño. Habían sido suspendidos los trabajos en la gran mina de cobre, al menos por el momento.

Aquella primera noche Chuchu y yo la pasamos con el coronel Díaz, jefe de Seguridad, hablando hasta la hora de la cena, a las diez y luego hasta medianoche. Un hombre amable y parco en sus modales, aunque me pareció adivinar en él una firmeza oculta y una vigorosa decisión de seguir el camino iniciado por Omar. Se mostró más moderado que Chuchu en su juicio sobre Paredes. Dijo que, en efecto, Paredes parecía haberse inclinado hacia la derecha pero que él creía que su sangre africana no le facilitaba su trato con la oligarquía conservadora, y todavía era posible un cambio de orientación.

Díaz empezaba a encontrar difícil su propia situación; con la firma del Tratado y la muerte de Omar parecían haber terminado los días heroicos para el pequeño Panamá. Ahora ya no quedaba nadie que pudiera hablar de igual a igual a los líderes del mundo, como Omar lo hiciera con Tito, Fidel Castro, Carter, el Papa y todos los jefes de Estado durante su recorrido por Europa Occidental en 1977, a raíz de la firma del Tratado sobre el Canal.[10] Hablamos también de El Salvador. Díaz tenía poca fe en la victoria de la guerrilla, tan solo en un estancamiento que a la larga acaso resultara más valioso que la victoria

El coronel Díaz me habló de las cuatro horas que había pasado recientemente con Fidel Castro.

—Me resultó simpático pero quedé sorprendido por una afirmación suya. Alegó haber intervenido en Angola sin el consentimiento de Rusia —me dijo.

— Eso no me sorprende —contesté al coronel Díaz.

A mi juicio, y siempre lo he considerado así, Castro se había embarcado la primera vez en una aventura revolucionaria en Sudamérica contra los deseos de la URSS, que por aquellas fechas no deseaba que se crearan dificultades en América Latina, con el resultado de que el Che Guevara fue traicionado por el partido comunista de Bolivia, lo que llevó consigo su muerte.

Creía por entonces, y todavía sigo creyéndolo, que la aventura angoleña fue un intento de Castro para demostrar en cierto modo su independencia, y solo cuando su acción resultó en parte un éxito acudió en su ayuda la URSS. Aún lo impulsaba otro motivo. En Cuba hay una cifra muy elevada de población negra, y el ayudar a un gobierno negro en África era una manera de apartarse,

---

[10] Chuchu lo acompañaba cuando visitó al Papa, y Torrijos lo presentó como «mi primer ministro de la Defensa».

de forma espectacular, de la Cuba racista de Batista, en la que estaban prohibidos los matrimonios mixtos, e incluso los bares en La Habana quedaban vetados a los negros, mediante el sistema de llamar clubes a aquellos donde solo eran bien recibidos los blancos. La situación de Angola es de una extraña ironía. Los Estados Unidos se lamentan de la presencia de tropas cubanas, pero son precisamente estas las que protegen las instalaciones de Gulf Oil, para evitar que resulten alcanzadas como consecuencia de la guerra civil con Unita.

Díaz tenía tres planes para mí. Quería que volviera a ir a Nicaragua, donde los líderes sandinistas estaban al corriente de mi amistad con Omar, con el fin de demostrarles que en Panamá aún seguía vivo el espíritu de Torrijos. Luego debería visitar Cuba y a Fidel Castro con el mismo propósito. Dijo que a tal fin me invitaría el embajador cubano en Panamá. El tercer proyecto consistía en que visitara una aldea en la selva, conocida como Ciudad Romero, que había sido construida por refugiados de El Salvador rescatados por Omar de su peligroso exilio en Honduras. Chuchu se ofreció al punto para trasladarme a los tres sitios en su avioneta de segunda mano y no tuve el valor de negarme. Pero me sentí íntimamente contento cuando Díaz dijo que a Nicaragua debería ir en un *jet* militar, a fin de dar carácter oficial a la visita. Y en cuanto a la aldea solo podía llegarse en helicóptero.

III

Fue Chuchu quien me hizo sentir con mayor intensidad que cualquier otra persona que todavía seguía muy vivo el espíritu de Torrijos. Cierta mañana y de forma desusada, parecía que pasaba demasiado tiempo en el garaje donde compraba la gasolina. Al volver le pregunté qué había estado haciendo.

—Haciendo fotos —me contestó.

—¿Fotos?

—Sí. Edén Pastora compró una embarcación en Panamá. Pude fotografiarla mientras estaba amarrada desde un interior del garaje. Quiero llevar esa fotografía a Nicaragua.

Otra noche después de cenar quiso ir a casa de alguien.

—Tengo que darle algo.

—¿Qué?

—Hay dos ametralladoras en la cajuela del coche.

—¿Para qué quiere una ametralladora?

—No es él quien quiere ametralladoras. Soy yo quien necesita un millar de cargadores para armas ligeras. Estamos haciendo acopio.

—¿Para los sandinistas?

—No, no. Ellos tienen cuanto necesitan. Para El Salvador.

Me sentí realmente gozoso ante aquel atisbo del profesor José de Jesús Martínez, poeta y matemático, en las actividades que le eran propias.

IV

Al día siguiente conocí al señor Blandón, el funcionario de Asuntos Exteriores encargado de organizar lo que más adelante sería conocido como el grupo de Contadora, la ofensiva diplomática que se esperaba sería capaz de evitar la guerra en América Central. El grupo aún sigue trabajando por la paz, pero por aquellos días los planes eran mucho más ambiciosos. Porque además de Panamá, Colombia, Venezuela y México se esperaba, incluso, incorporar al grupo a Cuba y los Estados Unidos. Pregunté al señor Blandón si realmente creía que Reagan aceptaría formar parte de una organización en la que estuviera presente Castro. Me contestó que sí. Cercanas las elecciones americanas, era posible que Reagan considerara políticamente deseable unirse a ellos. Para sus operaciones secretas no tenía el apoyo del Congreso y, en cuanto a una guerra declarada entre Honduras y Nicaragua, debía de estar al corriente de que existía cierta intranquilidad entre los oficiales de menor graduación del

Ejército hondureño. La guerrilla en El Salvador era lo bastante fuerte para llevar a cabo una operación de diversión en la frontera de Honduras. Y finalmente la superioridad en aviones y tanques de Honduras tenía escasa importancia para el tipo de terreno donde habrían de luchar. Era verdad que al general Paredes no le gustaba ese plan diplomático, pero el presidente lo había aprobado y al día siguiente llegarían los cubanos para discutir sobre él. Repitió que Fidel Castro me había invitado a ir a La Habana, de manera que era importante que yo viera al embajador cubano.

Cuando visité al embajador, no creía en la invitación de Castro. Resultó, como yo había pensado, que se trataba de una invitación de la Casa de las Américas, una especie de batiburrillo cultural en La Habana. Dije al embajador que solo me interesaba la situación política y que en esa visita no me quedaba tiempo para la cultura.

Más tarde el presidente me habló de mi visita a Nicaragua, que cada vez se iba asemejando más a una misión. El mensaje que quería transmitir a la Junta era que prescindiera de toda postura agresiva y que, por el contrario, apelara al Consejo de Seguridad, para que fueran destacadas a la frontera hondureña fuerzas de las Naciones Unidas. Panamá apoyaría la solicitud en su calidad de Miembro del Consejo y, en el caso de que los Estados Unidos hicieran uso de su veto, Nicaragua habría logrado una victoria propagandística. Parecía una idea razonable.

Después de ver al presidente, tomé unas copas con el coronel Noriega, jefe del Estado Mayor. También él estaba muy interesado en mi visita a Nicaragua. Era evidente que el giro hacia la derecha del general Paredes lo incomodaba tanto como al presidente, y se mostró decepcionado cuando le conté cómo había sido la recepción en la embajada cubana. Dijo que hablaría del asunto con el embajador. Estaba seguro de que la invitación no había sido de tipo cultural.

Antes de salir para Nicaragua me ofrecieron una recepción, más bien embarazosa, en la Presidencia, durante la que me fue impuesta por el presidente la Gran Cruz de la Orden de Vasco Núñez de Balboa. Como se recordará, Keats en su famoso soneto, confundió a Balboa con Cortés, quien jamás llegó a divisar el Pacífico, en brava profecía, silencioso, sobre una cumbre, en Darién.

Yo no había hecho nada que justificara semejante condecoración y mi incomodidad aumentó cuando tuve que luchar con la cinta y las estrellas. Me daba la impresión de parecer un árbol de Navidad cuando cuelgan de él los regalos. Mi único mérito era el de haber sido amigo de Omar Torrijos, y me imagino el regocijo que le hubiera producido mi situación, mientras yo luchaba con la banda e intentaba colocar las estrellas en su sitio. De cualquier forma, detrás de toda aquella ceremonia había algún motivo táctico. Quizás el presidente intentara hacer notar a los líderes sandinistas que podían confiar en mí en mi calidad de mensajero. Cualquiera que fuese el motivo y pese a mi incomodidad, finalmente me sentí embargado por una especie de felicidad por aquel amable obsequio, que parecía acercarme algo más al país que había dado un Omar Torrijos.

Estoy seguro de que en los Estados Unidos había mucha gente que pensaba que me estaban «utilizando», pero semejante idea no me preocupaba lo más mínimo. También dirían que me habían «utilizado» cuando en 1958, en Cuba, llevé ropas a Santiago para los hombres que se encontraban en Sierra Maestra y, cuando por medio de un amigo mío del MP irlandés, tuve la posibilidad de preguntar al gobierno conservador en la Cámara de los Comunes sobre la venta a Batista de viejos aviones *jet*. Pero de nada me arrepiento por lo de entonces y tampoco por lo de ahora. Jamás vacilé en ser «utilizado» para una causa en la que creía, incluso cuando mi decisión fuera tan solo un mal menor. Nos resulta imposible prever el futuro con absoluta precisión.

Cuando salí en dirección a Managua tuvo lugar una especie de comedia panameña. Naturalmente Chuchu me acompañaba y ya en el aeropuerto nos enteramos de que los nicaragüenses habían enviado un pequeño jet para recogerme y llevarme junto a mi futuro anfitrión, Mario Castillo, que trabajaba para Humberto Ortega, ministro de Defensa. Sin embargo, los panameños insistían en que volara en un avión panameño. Después de una laboriosa discusión, Castillo consintió en reunirse con nosotros en el avión panameño y el nicaragüense nos escoltó vacío. Saboreamos el vodka del señor Castillo hasta nuestra llegada a Managua, lo que en cierto modo alivió la molesta situación.

En Managua habían ido a recibirme algunas caras familiares. Allí estaba el padre Cardenal, ministro de Cultura, y Rosario, la bellísima mujer de Daniel Ortega, que viera por última vez en San José, Costa Rica, cuando bebimos juntos, lejos del alcance de cualquier oído, mientras Chuchu acudía a su cita con el líder de la Junta. Fue el principio de días muy atareados.

Aquella tarde quedó interrumpida mi siesta en casa de Castillo, por la visita de un anciano monseñor con quien, antes de abandonar Europa, me había recomendado que me reuniera un profesor irlandés que había pasado algunos meses en Nicaragua. Con él pude discutir la extraña actitud del arzobispo Obando.

Al principio de la guerra civil, el arzobispo había desempeñado un papel muy valeroso. En cierto sentido había legitimado la guerra a los ojos de los católicos al publicar una carta pastoral en contra de Somoza, lo que, evidentemente, pudo costarle la vida. Cuando Edén Pastora se apoderó del Palacio Nacional había volado con Pastora y con los hombres liberados por Somoza, incluido Tomás Borge, a fin de garantizar su seguridad, y ahora se había enfrentado con la Junta al igual que hiciera Pastora. ¿Era solo porque en el Gobierno habían entrado marxistas? Recordé Chile y el Gobierno de Allende, en el que había ministros comunistas. Sin embargo el arzobispo de Santiago no le retiró nunca su apoyo. En realidad, en el Día Nacional de 1972 pude ver al arzobispo presidiendo un servicio ecuménico en la catedral, ayudado por los miembros del Gobierno, incluidos los comunistas. El Evangelio lo leyó un protestante, las oraciones las dijo un rabino judío y el sermón lo hizo un jesuita. Incluso la embajada china envió a sus representantes.

El anciano monseñor tenía su propia teoría respecto al cambio del arzobispo. A su juicio se debía a alguna vanidad herida. El arzobispo acostumbraba aparecer en televisión todos los domingos, para decir la misa en Managua. El nuevo Gobierno decidió, y con razón, que la misa se diría cada domingo en una parroquia distinta, en las ciudades de Granada y León así como en parroquias rurales. El arzobispo se negó a perder su monopolio, por lo que el Gobierno suprimió definitivamente la misa.

El Gobierno había hecho cuanto estaba en su mano para recompensar al arzobispo por su valiente actitud en los comienzos de la guerra civil. Le había ofrecido reconstruir la catedral en ruinas a causa del terremoto. Había rechazado su ayuda por motivos no muy claros. Le ofrecieron un inmenso emplazamiento para una nueva catedral, pero lo rechazó por encontrarse cerca un campamento militar. ¿Acaso la Iglesia prohíbe a los soldados asistir a misa?

—Es muy conservador —observó cariñosamente el anciano monseñor. En su calidad de párroco había dado refugio, con gran riesgo, a refugiados sandinistas de Somoza—. Siempre lleva sotana.

Era como si para el arzobispo Obando jamás hubiera existido Juan XXIII ni se hubiera celebrado el Vaticano II.

A la mañana siguiente visité el Centro de Estudios Ecuménicos. Aparte de un ministro presbiteriano americano, el joven representante del Gobierno cerca del Vaticano y un traductor, todos los demás eran sacerdotes católicos, e incluso se mostraban críticos más severos del arzobispo que el propio monseñor. Estaba, por ejemplo, la extraña historia de los «sudores de la Virgen» en Cuapa.

En 1981 el arzobispo inauguró una campaña Mariana, consagrando al país el 28 de noviembre al «Corazón Inmaculado de María». Podría pensarse que se trataba de una campaña realmente innecesaria, ya que Nicaragua era un país tan católico como Polonia. La campaña se llevó a cabo bajo los auspicios de *La Prensa*, órgano de la oposición conservadora, y en ella se percibía un evidente tufo político.

En diciembre *La Prensa* informó sobre el «milagro de la Virgen que suda». En la iglesia de Cuapa se había visto sudar a una imagen de madera y pronto infinidad de católicos piadosos acudían al altar improvisado construido para la estatuilla, para recoger con algodón el sudor. Más adelante el sudor se convirtió en lágrimas, porque quizás el sudor no fuera lo bastante digno, derramadas por la pobre Nicaragua bajo el gobierno de los sandinistas. De verdad resultaba raro que la Virgen jamás llorara por Nicaragua bajo el poder de Somoza.

Por lo general, la Iglesia se muestra muy suspicaz en relación con los milagros y cada uno de esos «milagros» se somete a una investigación muy estricta. En esta ocasión no hubo investigación alguna. El arzobispo fue a ver la estatua y su partidario conservador, el obispo Vivas, anunció que no existía explicación para aquel sudor o lágrimas.

Sin embargo, pronto se encontró una explicación humana. Cada noche sumergían la estatua en agua y luego la colocaban en un congelador, con lo que era natural que sudara durante el día. Sin embargo, el descubrimiento del fraude no fue publicado en La Prensa ni nada dijeron sobre ello los dos obispos. En realidad, a finales de 1982, los obispos proyectaban construir en Cuapa una ermita oficial.

En el Centro se discutió la inminente llegada del Papa a Centroamérica. Todos se mostraban aprensivos y con motivo, como luego quedó demostrado. Se había designado recientemente a un cardenal de Sudamérica, un arzobispo que, políticamente, pertenecía a la extrema derecha, y la derecha en América Latina no se parece en nada a la derecha conservadora de Europa. Es la derecha de las bandas de malhechores en El Salvador y de los asesinos del arzobispo Romero. Tal vez a instancias del nuevo cardenal, el Papa había condicionado su visita a la retirada de los dos sacerdotes que figuraban en el Gobierno, el padre D'Escoto, ministro de Asuntos Exteriores, y el padre Cardenal, ministro de Cultura. En el Centro todo el mundo estaba de acuerdo en rechazar semejante condición. Sin embargo, finalmente fue retirada, pero el padre D'Escoto fue enviado con una misión en extremo privada a la India durante la visita papal, y en todos los televisores del mundo pudo verse la cabeza blanca del viejo cardenal, un poeta que gozaba de la mayor estima en Centroamérica, de rodillas ante el Papa e intentando besar su mano que el Papa apartó, alzando luego un dedo con ademán reprobatorio, espectáculo deplorable que no satisfizo a la multitud, como tampoco el hecho de que el Papa no hiciera referencia al funeral que se había celebrado el día anterior en aquel mismo lugar por diecisiete jóvenes sandinistas asesinados por los contras.

Después de saludar a los sacerdotes en el Centro, me dirigí a una ciudad rebautizada Ciudad Sandino para visitar a dos monjas americanas que, al igual que el padre D'Escoto, pertenecían a la orden Mayory Knoll. La ciudad tenía sesenta mil habitantes, todos ellos extremadamente pobres. Las monjas vivían en las mismas condiciones que todos aquellos pobres, en una choza cubierta de uralita y en el patio un caño para el agua. Me impresionó sobremanera una de ellas, realmente joven. Había vivido diez años en la ciudad sufriendo la dictadura de Somoza y también la guerra civil.

Habló de los cambios introducidos por los sandinistas. Con Somoza en la ciudad no había más que un médico, un individuo perezoso e ineficaz. Ahora había tres clínicas, se estaba preparando a matronas y la salud de los niños había mejorado inmensamente. Durante la dictadura de Somoza ninguno de los habitantes era propietario de su choza ni de un pedazo de suelo. Toda la ciudad había pertenecido a los somozistas, que podían echar de allí a cualquiera, a voluntad, así que no valía la pena cultivar la tierra. Ahora ya pude ver por mis propios ojos que los habitantes plantaban legumbres e incluso flores.

Pregunté por los indios miskito. Se había llevado a cabo una gran campaña de propaganda antisandinista por el hecho de haber sacado a los miskito de sus tierras en la costa atlántica. Aquella zona se había convertido en el principal campo de batalla, y constantemente penetraban desde Honduras los contras, dirigidos por miembros de la antigua Guardia Nacional de Somoza. El propio Tomás Borge, ministro del Interior, admitió que los sandinistas se habían comportado con torpeza. Alegaba que no explicaron a los indios adecuadamente el motivo de que los trasladaran a campamentos fuera de la zona. Sin embargo, la monja americana que había visitado los campamentos negó que hubieran sido maltratados. Los encontró bien alojados y alimentados y con mejor tratamiento médico que nunca.

Al día siguiente salimos temprano, a las seis cuarenta y cinco, en dirección a otra zona de guerra, en la frontera norte con Honduras. Éramos un grupo de seis, Chuchu y yo, un doctor gordo y barbudo, un periodista cubano, una fotógrafa y nuestro guía, un capitán del Ejército. Cuando, después de Chinandega, entramos en la zona de guerra, se unió a nosotros un coche de escolta. En la carretera general, los contras habían volado un puente y lo estaban reparando con la ayuda de ingenieros cubanos.

Nos detuvimos en Somotillo, donde había un cuartel general del Ejército, y observamos el entrenamiento de la milicia local, una especie de guardia interna formada por campesinos y artesanos. Como era domingo, había muchos niños pequeños con sus madres y me sentí incómodo al ver a un niño de ocho años posando con un fusil para un fotógrafo. Sentimiento verdaderamente irracional porque ¿en qué se diferencia para un niño un rifle auténtico de otro de juguete? Un muchacho de catorce años se tiró de repente al suelo y disparó contra un objetivo situado junto a un viejo que rebasaba los setenta. Había observado que en Nicaragua los campesinos envejecen de prisa, pero cuando me enteré de que hacía años había luchado junto a Sandino contra Somoza y los infantes de Marina estadounidenses, comprendí que su aspecto no contradecía su edad, ya que Sandino fue muerto en 1934. Mostraba una gran dignidad y al enterarse de que yo era escritor me habló con gravedad de García Márquez. Cuando le dije que Gabo era amigo mío, me estrechó la mano.

Al hacer el recorrido a lo largo de la frontera, la circulación en la carretera era muy escasa y estaba dominada por las cumbres del lado hondureño. De acuerdo con nuestro guía se producían casi diariamente dos o tres muertos a causa del fuego indiscriminado de mortero desde Honduras, al que no había forma de contestar si Nicaragua no quería verse acusada de hacer la guerra contra Honduras. Pese a todo, sospeché que nos conducían a un sector de la zona de guerra bastante tranquilo. Finalmente, llegamos a un pequeño pueblo, Santo Tomás, que se encontraba a tres kilómetros de la frontera. En realidad, uno de los extremos del pueblo donde se encontraba el cuartel general de la milicia (pudimos ver a un viejo miliciano durmiendo con su fusil como almohada) se encontraba tan solo a trescientas yardas de Honduras. Se habían cavado trincheras en semicírculo, como defensa contra un posible ataque, y en honor nuestro realizaron un ejercicio. Sonó la alarma y los milicianos se lanzaron a las trincheras. Viejos y muchachos saltaron y ocuparon posiciones con muy diversa agilidad. El espíritu estaba allí, pero no siempre iba acompañado de la habilidad física. Fue un espectáculo con el que Omar se hubiera divertido y que habría disfrutado. Durante todos aquellos días eché de menos su presencia y hablé con frecuencia de él a Tomás Borge, a Daniel Ortega, jefe de la Junta, a Humberto Ortega, ministro de Defensa y jefe del Ejército, a Lenin Cerna, jefe de seguridad, al padre Cardenal, a quien él ofreciera refugio en Panamá. En ocasiones me pregunto si Edén Pastora hubiese desertado de sus compañeros de haber vivido Omar.

Al día siguiente, cuando visité a Tomás Borge en su casa y conocí a su mujer y a su hijo, me di cuenta de que mi misión no era tan fácil como pensaba. Se mostró crítico hacia los dos coroneles, Díaz y Noriega. Acaso estuviera algo influido por el hecho de que el jefe superior de ellos fuera el general Paredes.

Supongo que un hombre como Borge, que había estado encarcelado, que había luchado y sufrido durante una guerra civil, debía de sentir a menudo una paciente impaciencia. Omar había compartido aquella impaciencia aun cuando controlara la suya sin ganas. Pero en Panamá ya no había derramamiento de sangre. Allí no era la forma natural de llevar a cabo una revolución. El general Paredes, el amigo del general estadounidense Nutting, no permanecería por mucho tiempo al frente de la Guardia Nacional, ya que habría de dimitir para poder presentarse a las presidenciales de 1984. En realidad tendría que dimitir un año antes de la fecha de las elecciones. Como dijera Díaz, atrás habían quedado los días heroicos de Panamá, aquellos días en que Omar estaba dispuesto, en caso de fracasar en el logro de su Tratado, a sabotear el Canal e internarse en las montañas y la selva, mientras que en Nicaragua todavía proseguían esos días heroicos: a la lucha contra Somoza había seguido el enfrentamiento contra los contras, contra Pastora, contra Honduras y, detrás de todos ellos, contra el inmenso poder de los Estados Unidos. Tal vez para Borge, Panamá sin Omar era solo el Panamá de ciento sesenta y tres bancos, yates de acaudalados extranjeros navegando bajo bandera panameña y la oligarquía, de la que yo todavía no había tenido el menor atisbo. El enfrentamiento con los Estados Unidos era patrimonio —aparte de Omar y de los Wild Pigs— exclusivo de los estudiantes, de los barrios bajos de las ciudades, de los barrios de pobres como El Chorillo. Como yo mismo había comprobado, para la mayoría de los campesinos la política importaba poco, a no ser que afectara al precio de la yuca, mientras que en Nicaragua casi todo el país se había alzado contra el tirano y las Fuerzas Armadas.

Borge me llevó a visitar a Lenin Cerna, el jefe de seguridad, que me mostró su pequeño museo dedicado a todo tipo de pruebas de la intervención estadounidense: uniformes militares con el nombre y la dirección de fabricantes americanos y algunos explosivos muy desagradables disfrazados de linternas de Eveready o, lo que era aún peor, otro preparado simulando una cesta de excursión Mickey Mouse (con la marca Walt Disney Productions), todos ellos magnetizados para poder aplicarse al lateral de un coche. Un atractivo irresistible para cualquier niño. El jefe del servicio secreto americano había visitado Nicaragua, y cuando almorcé con Humberto Ortega y su Estado Mayor le pregunté si había mostrado al General aquellas bombas.

—Sí, y me dijo que no procedían del Ejército —me contestó.

Agregó que el General había comenzado la conversación con una insinuación de chantaje, pero que la había terminado con un talante más cordial, admitiendo que existían diferencias entre el Departamento de Estado y el Pentágono. Recordé que este había advertido a Carter que para vigilar el Canal y la Zona se necesitarían cien mil soldados. ¿Cuántos se necesitarían para hacerse con Nicaragua?

VI

Durante mi última noche en Nicaragua recibí una visita inesperada que dejó tras de sí un triste recuerdo. Chuchu y yo seguíamos siendo invitados del señor Castillo, que se ocupaba de un asunto oficioso del Ministerio de la Defensa, en una hermosa casa con jardín y una bellísima anfitriona, con la vigilancia de centinelas uniformados y donde, debo admitirlo, me sentía algo aislado de la revolución sandinista. Yo tenía una habitación en la casa y Chuchu ocupaba un pequeño pabellón de invitados en el jardín. Entonces nos llegó el mensaje de que Marcial quería visitarme, pero que no deseaba hacerlo en el edificio principal. Se concertó una cita en el pabellón de invitados.

No había visto a Salvador Cayetano desde la última vez que hablamos en Panamá, en 1981, cuando apelé en vano por la vida del embajador sudafricano. Su nombre de guerra, Marcial, parecía en aquellos momentos una precaución innecesaria, ya que observé que aun cuando lo utilizó en la dedicatoria que escribiera para mí aquella noche, el libro había sido publicado con su propio nombre. Tal vez dos años antes hubiera parecido un descuido imperdonable con vistas a la seguridad. Cayetano era uno de los jefes de las fuerzas combinadas de la guerrilla del FMLN en El Salvador y acaso no confiara plenamente en la atmósfera de confort burgués de la residencia del asociado comercial de Ortega, por lo que no deseaba acudir a la casa. Llegó al pabellón de invitados del jardín con sus dos guardaespaldas armados.

Times había publicado una desafortunada nota sobre nuestro anterior encuentro. Sin pensarlo demasiado, yo había comentado con mi amigo Diederich que Cayetano tenía la mirada más despiadada que nunca hubiera visto, y que no me gustaría en modo alguno ser su prisionero. Aquella observación se había sacado del contexto en el que yo hablaba de los propios sufrimientos de Cayetano a causa de la prisión y las torturas, y aun cuando *Times* publicó mi carta rectificando, la prensa derechista de El Salvador había tomado y utilizado la primera nota. Por lo tanto, esperaba que en nuestra segunda reunión reinara un ambiente más bien glacial. Pero no fue así. Hizo a un lado mis excusas alegando que el asunto carecía de importancia y su saludo casi pareció afectuoso. Desde que lo viera por última vez se había dejado crecer un atisbo de barba a la Ho Chi Minh y parecía mucho más viejo de lo que era. Sesenta y tres años. Y desde luego, ya no podría calificar su mirada de despiadada.

Fue inmediatamente al grano, extendiendo sobre sus rodillas un gran mapa de El Salvador. Señaló rápidamente con sus pequeños dedos las posiciones de los militares y de la guerrilla y la estrategia que pensaba llevar a cabo: un ataque aquí, otro allá y un movimiento de la guerrilla de esa área a aquella otra. Parecía razonablemente seguro del éxito. Si yo hubiera sido agente secreto, aquella pudo resultar una valiosa información o quizá desinformación. La suerte que corrió tres meses después hizo que me preguntara si tendría la costumbre de confiar en los demás con tanta facilidad.

Una vez que hubo terminado y doblado el mapa, nuestra conversación se hizo más general. Le pregunté qué hacía con los prisioneros, que debían representar una enorme rémora para la guerrilla, y recordé que en Sierra Maestra, durante la guerra civil cubana, Castro había quitado los pantalones a los prisioneros, dejándolos luego en libertad.

—Lo que nosotros necesitamos son botas, no pantalones —alegó Cayetano—. Les quitamos las botas y los dejamos ir. Tenemos una terrible necesidad de botas. En el terreno en el que luchamos las botas no duran apenas un mes.

Y recordé el sueño de Omar en el que se encontraba en medio de la selva sin botas. Cayetano añadió que las armas no representaban un problema serio. Podían encontrarse en cualquier parte y, además, tenían un suministro regular con las capturas al enemigo.

Le pregunté sobre el futuro, si es que llegaban a ganar la guerra. Afirmó que en El Salvador habría una absoluta libertad religiosa. Me limito a informar sobre lo que dijo y ni qué decir tiene que sabía que estaba hablando con un católico romano. Solo el futuro podrá revelar si dijo la verdad, pero es del dominio público que el arzobispo Damas está adoptando la misma postura heroica en El Salvador, frente a los escuadrones de la muerte, que el arzobispo Romero. Y Cayetano me dijo que la guerrilla había recibido gran ayuda personal de sacerdotes. Creo que hablaba con sinceridad y tal vez empezara a distanciarse de la amargura de sus sufrimientos pasados. Lo que sí era evidente es que no tenía fe en una solución política.

Antes de irse me dio un ejemplar de su único libro, *Secuestro y capucha*, dedicado a su «Querido Hermano», me abrazó con cierto cariño y desapareció a través del jardín con sus dos guardaespaldas. Tres meses después se pegó un tiro.

Cayetano se encontraba en Libia, quizás acordando con Gadafi la entrega de armas, ¿quién sabe?, cuando le llegó la noticia de que la comandante Mélida Anaya, su ayudante e íntima camarada, había sido asesinada de forma brutal en Managua. El asesinato por motivos políticos es bastante frecuente, pero lo que escapa a toda mente razonable es el salvajismo con que fue cometido este asesinato. En su cuerpo se encontraron ochenta puñaladas y como *coup de grace* los asesinos la habían degollado. Cuando Cayetano regresó a Managua, ya habían sido detenidos los dos hombres que cometieron el asesinato, como también la persona que les ordenara ejecutarlo. Se informó que el cabecilla era el hombre del grupo guerrillero en el que más confiaba Cayetano. Se pegó un tiro en el corazón sentado en una mecedora. ¿Cómo es posible que en Occidente podamos juzgar a un hombre semejante o calibrar todo su sufrimiento?

Los tres hombres siguen todavía en la cárcel, en Managua, esperando el momento, si es que alguna vez llega, de que sean entregados a un gobierno popular en El Salvador para ser juzgados. Desde la muerte de Cayetano, el misterio del asesinato y del suicidio se ha hecho aún más profundo. Se dice que Mélida Anaya parecía mostrarse cada vez más favorable a una solución política de la guerra, de tal manera que el propio grupo de Cayetano, el FPL, había llegado a dividirse. E incluso se ha sugerido que el propio Cayetano ordenó su muerte. Pero ¿por qué semejante brutalidad? Y de ser culpable, ¿por qué regresó a Managua? ¿Llegaremos a conocer algún día la verdad?

VII

Al día siguiente inicié la última etapa del programa que me habían preparado. Humberto y Daniel Ortega se habían comunicado con Cuba y me aseguraron que mi invitación venía directamente de Fidel Castro y no de la Casa de las Américas. Los nicaragüenses tenían dispuesto para mí un pequeño *jet* que, me dijeron, había sido el avión particular de Somoza, y cuando elegí mi asiento el piloto pareció divertido.

—Ha elegido el asiento de Somoza —me dijo.

En esa ocasión Chuchu y yo llevábamos un acompañante más bien extraño al que Chuchu había recogido, aún no sé cómo, en Nicaragua. Le había suplicado a Chuchu que lo dejara acompañarlo a Panamá. Al parecer se trataba de un guerrillero colombiano que, al cabo de diecinueve años en la selva, quería volver a su casa y beneficiarse de la amnistía que ofrecía el nuevo presidente, pero como carecía de documentación no podía viajar en un avión de líneas comerciales. Chuchu pensaba que en Panamá se alojase con Rogelio y Lidia, como hiciera con aquel dudoso profesor de Guatemala, hasta que lograra obtener un pasaporte para él. Chuchu era hombre de infinitos recursos en cuanto a pasar de contrabando armas u hombres, pero yo sentía una lástima inmensa por el pobre Rogelio y por Lidia. El colombiano era hombre poco locuaz. Llevaba encasquetada una gorra incluso para comer y se frotaba las uñas en el mantel mientras comía.

En La Habana nos recibió un viejo conocido mío, Otero, que había viajado conmigo y el poeta Pablo Fernández por toda Cuba en 1966, así como por el entonces jefe de seguridad, Piñeiro, a quien viera por última vez en ese mismo año jugando basquetbol con Raúl Castro y otros ministros a las dos de la madrugada, mientras sus mujeres los contemplaban pacientes. Su formidable barba roja se había vuelto blanca como la nieve, lo que le daba un aire patriarcal. Mientras nos dirigíamos a la casa, situada en los alrededores de La Habana, donde nos alojaríamos durante la noche, mantuvimos una charla insustancial y quedé asombrado al enterarme de que el hombre que había estado al frente de la seguridad cubana durante tanto tiempo seguía pensando que los M-15 y los M-16 eran armas rivales del servicio secreto de inteligencia militar. Consideré innecesario, y acaso algo humillante para él, deshacer su error. Almorzamos juntos y luego Piñeiro se fue a preparar la entrevista con Castro.

Por la noche acudimos a nuestra cita en la casa en que estaba instalado mi amigo García Márquez. Castro había estado cenando en la embajada española con Gabo. No había visto a Castro desde 1966, cuando pasamos juntos algunas horas de la noche, y me regaló un cuadro de mi amigo Porto Carrero. Parecía más joven, más delgado y despreocupado. Lo saludé con unas palabras que lo divirtieron: «No soy un mensajero. Soy el mensaje». En otras palabras, los coroneles Díaz y Noriega me habían hecho volar a Nicaragua, y luego los Ortega a Cuba, como amigo bien conocido de Omar Torrijos, para informar que, pese al general Paredes, las ideas de Torrijos seguían estando muy vivas en Panamá.

—Sería una buena cosa que eligieran presidente a Paredes porque entonces tendría poco poder —observó Castro—. Y muy desafortunado que los conservadores presentaran un candidato frente a él y que fuera elegido. Entonces tendrían un presidente conservador y el peligro de un general conservador.

En cuanto a la guerra en El Salvador, Castro se mostró tan optimista como Cayetano. Creía que para finales de 1983 la guerrilla habría tomado el poder. Ahora sabemos que quien más se acercó a la realidad fue el coronel Díaz, que creía en una larga lucha sin resultado definitivo.

Castro había leído, probablemente a instancias de Gabo, alrededor de una tercera parte de mi novela *Monseñor Quijote*, y ello nos condujo al tema del vino, por el que, de manera inesperada, pareció muy interesado. También se había enterado por la prensa de mis dificultades con la justicia en Niza.

Gabo introdujo entonces el tema de la ruleta rusa que yo jugara en mi adolescencia. Gabo se equivocó como de costumbre y dijo que el juego lo había practicado en Vietnam. Castro quiso saber con exactitud las circunstancias, el número de veces que jugué y cuánto duraban los intervalos.

—No deberías estar vivo —me dijo finalmente.

—Eso no es verdad. Matemáticamente, cada vez que uno juega las posibilidades son las mismas. Cinco a uno contra la muerte. Las posibilidades se alteran por el número de veces que se juega.

—Nada de eso. Ahí estás equivocado. Las posibilidades no son las mismas. —Empezó a hacer cálculos herméticos que fui incapaz de seguir y terminó diciendo de nuevo—: No deberías estar vivo.

Luego quiso saber qué dieta seguía.

—Ninguna. Como y bebo lo que quiero.

Evidentemente aquello lo desconcertó, porque él seguía una dieta muy estricta y cambió rápidamente de tema.

Al igual que en 1966, nos despedimos en las primeras horas de la mañana. Ya en la puerta me dijo sonriendo:

—Dígales que he recibido el mensaje.

Aquella noche en el cuarto de baño tuve un gran sobresalto. Fui a orinar y en la taza había un trozo de papel marrón. Al caer sobre él la orina dio un salto fuera de la taza y aterrizó en la pared sobre mi cabeza. Era una rana. Acaso ese sea mi recuerdo más perdurable de mi última visita a la Cuba comunista. Nunca había visto saltar a una rana más de seis pies en vertical.

VIII

Pocas horas después, estaba de vuelta en Panamá y no me sentí en modo alguno fastidiado al encontrarme con que había perdido mi ostentosa *suite* en favor de un visitante importante, Mr. Kissinger. Lo que ya no me gustó tanto fue haber perdido también una corbata dorada que me regalara alguien a quien amaba. Acaso la heredara también Mr. Kissinger. Mi simpático guardaespaldas protegía ahora a Mr. Kissinger.

El coronel Díaz me visitó y yo le informé sobre mi viaje. Insistió en que mi conocimiento de Panamá sería incompleto sin ver algo de la vida de la alta burguesía, para la que Omar había sido anatema. Iría aquella noche con él a una fiesta que daba un conocido suyo para festejar la instalación en su nueva casa.

—Pero por favor, no diga a nadie que ha estado en Nicaragua y en Cuba.

La fiesta fue una auténtica pesadilla y no podía siquiera contar con el apoyo de Chuchu. Podía escucharse el ruido dos calles más lejos. En el jardín había un bufé, pero no logré alcanzarlo, porque me separaban centenares de invitados que hablaban a voz en grito para hacerse oír por encima de los metales de una orquesta decidida, por su parte, a prevalecer sobre los invitados. Uno de los invitados aulló a mi oído:

—¿Recién llegado de Inglaterra?

Y mi espíritu maquiavélico ignoró la advertencia del coronel Díaz.

—No, de Cuba.

—¿De dónde? —volvió a preguntar con gesto incrédulo.

—De Cuba —vociferé a mi vez—. Y de Nicaragua.

Se abrió camino entre la multitud a fin de evadirse y yo me lo abrí en dirección a la salida. ¿Había de ser esta gente la que eligiera al próximo presidente?

IX

Así que me encontré junto a la hija de Omar, sacudido de un lado a otro en el helicóptero. Regresábamos después de haber visitado la aldea que llevaba el nombre del arzobispo asesinado de San Salvador, el primer arzobispo asesinado ante el altar mientras decía misa desde el santo Thomas de Becket.

Ciudad Romero había sido construida en un terreno bajo de la selva, más allá de Coclesito, la aldea en la montaña donde Omar construyó su modesta casa y donde tres años antes visité yo a los búfalos. En la aldea vivían cuatrocientos veinte refugiados de El Salvador y casi la mitad de ellos eran niños; algunos incluso habían nacido en su nueva tierra. Sus antiguas casas fueron destruidas por las bombas lanzadas desde el aire y luego incendiadas por los militares. Habían huido a Honduras, donde descubrieron que sus condiciones eran casi tan malas y peligrosas como en El Salvador. Ignoro cómo se enteraría Omar de su desesperada situación, pero el caso es que envió un avión para que los trasladara a Panamá. A su llegada los condujeron por cierto tiempo a un puesto militar en Cimarrón, para que se recuperasen, y luego se pidió al jefe de la aldea que eligieran un lugar para construir su propia aldea. Eligió aquel emplazamiento en la selva por la fertilidad del suelo, por la inagotable existencia de madera para las casas y porque se encontraba a orillas de un río navegable, y de ese modo podían recibir los suministros que, de lo contrario, habrían de llegarles por aire, porque a través de la selva no había caminos.

Todos los aldeanos se habían congregado en el edificio de la escuela para darnos la bienvenida, en particular a la hija de Omar, porque el recuerdo de él les era muy querido. Siempre que iba a su casa en Coclesito, se trasladaba en helicóptero a la aldea, llevando los bolsillos llenos de golosinas para los niños. Uno de los aldeanos habló del poema que había escrito en honor de Omar y quise escucharlo. Otro de los campesinos le había puesto música y cantó su poema acompañado por un tambor, una guitarra y un violín.

Los aldeanos debían de haber oído muchas veces al poeta cantar su poema, pero escuchaban con grave intensidad. Estaban escuchando la historia de sus propias vidas. Era como si sintieran que habían entrado a formar parte de la literatura. El poema estaba formado de líneas de ocho sílabas y el sonido de la media rima parecía transformarlo en poesía rústica. Chuchu me lo tradujo.

Voy a contar una historia:
lo que mi Pueblo sufría
por una Junta asesina
que compasión no tenía.

Cuando un Primero de Mayo
dos aviones bombardearon

y los soldados quemaron
las casitas que teníamos.

De allí salimos a Honduras,
llegamos a Las Estancias
y allí estuvimos seis meses
bajo mucha vigilancia.

Venimos a Panamá
nos fuimos pa Cimarrón
allí estuvimos un tiempo
solo en recuperación.

El Gobierno panameño
fue el que asilo nos dio,
y el señor Omar Torrijos,
General de División.

Hoy Panamá está de luto,
lo sentimos su dolor
porque ha perdido a un gran hombre,
hombre de mucho valor.

El General fue un líder,
líder de fama mundial,
y que luchó por los pobres,
sincero y muy popular.

Este Pueblo panameño
y su Guardia Nacional,
yo los admiro y los quiero,
es un Pueblo fraternal.

Los latinoamericanos
decimos en voz popular:
no lo olvidaremos
jamás al querido General.

Ya con esta se despiden
los humildes campesinos
que viven fuera e su Patria
por un Gobierno asesino.

Entre los aldeanos llamó mi atención una jovencita, por la melancólica belleza de sus ojos. Parecía tener unos dieciséis años y pensé que sería la joven madre del niño que sujetaba entre las piernas, pero cuando se puso en pie para irse, una vez terminada la canción, me di cuenta de que ella misma no era más que una niña, seguramente no tendría más de doce años. Fueron los disparos, las bombas y la muerte lo que la habían hecho madurar prematuramente.

Una vez terminada la reunión en la zona de la escuela, los campesinos nos apremiaron para que viéramos algo que querían enseñarnos. Mientras nos guiaban hacia las afueras de la aldea, oí la palabra *altar* repetida incesantemente. Y en efecto, habían construido un altar en cuyo centro podía verse una fotografía del arzobispo asesinado y a cada lado fotografías de Omar. Recordé la iglesia abandonada que había visto en Coclesito, con las gallinas picoteando por la nave, y recordé también lo que Omar había dicho sobre los cementerios de las aldeas el día que nos conocimos, hacía ya casi siete años: «Si la gente no cuida de los muertos tampoco cuidarán de los vivos». Sin duda aquella gente cuidaba de sus muertos.

X

Había llegado el momento de decir adiós pero antes había que cumplir con una obligación. El general Paredes no figuraba precisamente entre quienes habían tratado de mantener vivas las ideas y los ideales de Omar Torrijos, pero no podía abandonar Panamá sin antes pasar a verlo y darle las gracias por el avión que me condujo hasta Managua y el helicóptero que me llevó a la aldea de Romero. Me invitó a almorzar en un restaurante nuevo llamado Charlot en honor de Charlie Chaplin, invitación que acepté, pero luego el propietario del restaurante me hizo llegar un aviso. Al parecer, uno de los invitados sería un periodista cubano refugiado, que había llegado de Miami con el séquito de Kissinger. De acuerdo con mi experiencia, ningún periodista es del todo veraz, pero un refugiado cubano... Menuda historia podría inventar ese hombre sobre mi visita a Fidel Castro. Envié por mi parte un mensaje diciendo que lo sentía mucho, pero no podría asistir si aquel periodista se encontraba allí. Con lo cual el general alteró su lista de invitados. Y he de reconocer en su honor que no se mostró en absoluto reticente por mi interferencia.

Me resultaba extraño encontrarme de nuevo para tomar el aperitivo en la casa que Omar compartiera con su amigo Rory González y que ahora ocupaba el general Paredes. No se habían introducido demasiados cambios, pero inevitablemente existía una sensación inmensa de vacío y en vano miré en derredor buscando al periquito de Omar. Allí no estaba Omar y tampoco el periquito. Aunque sí estaba el coronel Díaz y también el coronel Noriega, a quien me fue posible transmitir una invitación de Lenin Cerna para visitar Nicaragua. También comuniqué a Paredes los buenos deseos de Fidel Castro en las elecciones presidenciales. Paredes pareció aceptar esos deseos en su forma literal, con una sonrisa de agradecimiento.

¿Acaso los buenos deseos de Castro influyeron en su ideología? Durante el almuerzo quedé sorprendido al oírlo criticar la política de Reagan en Centroamérica e incluso tuvo algunas palabras amables para los sandinistas. Parecía ansioso por demostrarme que seguía la línea de Torrijos y en mitad del almuerzo me ofreció un reloj extravagantemente valioso con la siguiente inscripción: «A un hermano inglés del general Omar Torrijos, del general Paredes». Era imposible rechazar aquel presente, pero se trataba de un regalo realmente embarazoso. No pude evitar darme cuenta de la cínica diversión de los demás invitados, que conocían cuál había sido mi misión.

Después de aquel almuerzo el general Paredes no siguió por mucho tiempo la línea de Torrijos. Meses después leí que había visitado Costa Rica, donde atacó la política de su propio presidente y también las actividades encaminadas a lograr la paz del grupo de Contadora, y más adelante lo envolvió cierto misterio, ya que después de retirarse de la Guardia Nacional para comenzar su campaña para la Presidencia, se anunció que se había retirado de la lucha. Luego, semanas más tarde, el rompecabezas se complicó aún más. Se informó que no se presentaba a las elecciones presidenciales porque si fuera derrotado ello repercutiría en la Guardia Nacional. ¿Se habría dado cuenta de lo que subyacía detrás de los buenos deseos de Castro y ahora existía el peligro del resultado que temiera Castro? Sin embargo, hace unos días Chuchu me tranquilizó por teléfono. Dijo que Paredes estaba *kaput*.

Aquella noche ofrecí una cena de despedida en el restaurante peruano a mis amigos, a Chuchu y Silvana, a Rogelio y Lidia e, inevitablemente, al refugiado colombiano que aún no había obtenido la documentación que necesitaba y que seguía con la gorra encasquetada y limpiándose las uñas en la mesa. Tal vez diecinueve años de húmeda vida selvática habían contribuido a que sus uñas crecieran con mayor rapidez.

Al día siguiente, mientras esperaba el avión en el salón de los diplomáticos, en el aeropuerto, entró Kissinger entre toda una batería de focos. Me habría gustado preguntarle si tenía mi corbata dorada, pero quería evadirme rápidamente, ya que el periodista cubano viajaba en el mismo avión a Miami y me había localizado. Mi antiguo guardaespaldas bebía café junto a la puerta, de modo que aún tendría que despedirme de él. Tuve la impresión de que prefería la vida amistosa que llevaba con Chuchu y conmigo a la de verse convertido en la sombra de Kissinger.

Era también un adiós a Panamá, un pequeño país al que en el transcurso de siete años había llegado a querer profundamente. Desde que empecé a escribir este último capítulo, el teléfono ha sonado cinco o seis veces, transmitiéndome la voz de Chuchu urgiéndome a volver.

—Los nicaragüenses te necesitan —termina siempre diciendo a modo de incitación que, naturalmente, considero con cierta reserva. Pero de todas maneras me siento incapaz de contestar con firmeza.

—No, me es imposible volver.

Aun cuando Panamá pertenezca al pasado, a una parte de mi vida que ha terminado, me evado, intento buscar excusas. Alego: tal vez dentro de tres meses... o de cuatro... quizá sea posible el año que viene, porque decir «no» a Chuchu de forma definitiva sería como cerrar finalmente las páginas de un libro y relegar a una estantería todas las rememoranzas que contiene acerca de un hombre a quien quise: Omar Torrijos.

Post scriptum

Es posible que me haya mostrado indebidamente escéptico respecto a una posible intervención de la CIA en la muerte de Omar Torrijos. Después de escribir este libro llegó a mi poder un documento, al parecer de información restringida, con fecha de 11 de junio, dirigido al Departamento de Estado en Washington.

El redactor o los redactores hablaban de la importancia vital de Panamá para los Estados Unidos en relación con El Salvador.

En nuestras fichas personales se describe al general Torrijos, que sigue ejerciendo gran poder sobre la política gubernamental, como «inconstante, impredecible... un demagogo populista con viscerales prejuicios antiamericanos... y afición por el alcohol», lo que no parece corresponder en modo alguno con la descripción que pudiera hacerse de un aliado fidedigno. Nuestra precaria situación en Panamá quedó recientemente evidenciada por la condena pública, por parte del presidente Royo, de nuestro programa de entrenamiento para los salvadoreños.

Conviene considerar los siguientes lazos adicionales entre Panamá y El Salvador:

Aun cuando inicialmente respaldara el golpe del 10.5.79 el general Torrijos y también el Gobierno panameño, han estrechado lazos con los moderados de FDR/ DRU (a la izquierda).

Las dificultades económicas de Panamá y su dependencia de la comunidad bancaria de los Estados Unidos hacen que sea potencialmente sensible a nuestra presión. No obstante, esos mismos factores, combinados con nuestra tendencia a aplicar mano dura, pudieran alentar un resurgimiento del sentimiento «antiimperialista».

Durante los últimos seis meses Panamá ha expresado su desagrado ante cierto número de problemas relativos a agravios preceptivos relacionados con la aplicación de los tratados.

El general Torrijos se encuentra en situación de ejercer control sobre dos recursos tácticos clave en cualquier operación militar directa de los Estados Unidos. en la región: el Canal y las bases.

En otro documento redactado un mes antes por el Consejo de la Seguridad Interamericana, en 305 4th Street, Washington habla de «la dictadura brutalmente agresiva de extrema izquierda de Omar Torrijos» y critica las relaciones amistosas de Carter con Torrijos. Ninguno de esos dos informes hubiera afectado a aquellas relaciones. Carter hubiera sabido con cuánta parcialidad e inexactitud habían sido redactados. Pero para finales de año Reagan había llegado al poder.

Así, he empezado a preguntarme si los rumores que circulan por Panamá sobre una bomba oculta en un magnetófono transportado, sin saberlo, por un policía de seguridad en el avión de Omar Torrijos habrían de ser totalmente descartados. No puedo por menos de recordar la linterna Eveready explosiva y la cesta de merienda Walt Disney que viera en Managua. El avión era de fabricación canadiense y técnicos de esa misma nacionalidad examinaron los restos. Me gustaría mucho leer su informe. Se me ha dicho que no encontraron indicio alguno de que existieran problemas técnicos, lo que nos deja ante dos alternativas: un error del piloto o una bomba.

Epílogos

Gabriel García Márquez

Omar Torrijos[1]

Cuando el presidente de Venezuela entró en la Casa Blanca, hace un mes, el presidente Jimmy Carter le dijo «Recuérdeme tratarle al final, brevemente, el asunto de Panamá». Aunque el tema no figuraba en la agenda oficial, Carlos Andrés Pérez iba preparado para aquella eventualidad.

«La última persona que vi antes de venir a Washington fue al general Torrijos —replicó—. Además, anoche cené hasta muy tarde con los negociadores panameños, y esta mañana desayuné con los negociadores norteamericanos».

Al presidente Carter le hizo mucha gracia aquel cúmulo de casualidades calculadas.

En ese caso —sonrió— es usted el que me tiene que contar a mí cómo están las cosas.

De este modo, el tema que no estaba en la agenda no solo fue el punto de partida de las conversaciones, sino que habría de convertirse en el de mayor relevancia. Al día siguiente, Carter declaró en una rueda de prensa que la intervención de Carlos Andrés Pérez había sido decisiva para impulsar el nuevo tratado sobre el Canal de Panamá, e hizo, de paso, un cálido elogio al general Omar Torrijos, y expresó su deseo de conocerlo.

El general Omar Torrijos vio por televisión la rueda de prensa de Carter en su casa de mar de Farallón, unos ciento cincuenta kilómetros al oeste de la Ciudad de Panamá, donde suele pasar la mitad de la semana descansando sin descansar. Escuchó las palabras de Carter inmóvil en un sillón de playa, chupando el cigarro apagado, y no dejó traslucir ninguna emoción. Pero más

---

[1] Crónica de Gabriel García Márquex sobre el «hombre fuerte de Panamá», agosto de 1977.

tarde, en la mesa redonda en que cenábamos con dos de sus ministros y algunos asesores, hizo una evocación imprevista.

Cuando oí el elogio que me hizo Carter, dijo, sentí como un aire caliente que me inflaba el pecho, pero enseguida me dije «mierda, esto debe de ser la vanidad», y mandé aquel aire al carajo.

Conservo muy buenos y muy gratos recuerdos del general Torrijos, pero ninguno lo define mejor que este. Es además un recuerdo histórico, porque aquella noche se estaban definiendo las cosas que habían de culminar este fin de semana con la reunión de presidentes en Bogotá.

Había sido una jornada tensa, intensa y extensa, agravada por un temporal del Pacífico que se rompía en pedazos con una explosión de cataclismo en las galerías de la casa, y dejaba en la arena un reguero de pescados podridos.

Torrijos, que es capaz de soportar días enteros con los nervios de punta pero sin perder el sentido del humor, sin perder la paciencia ni los estribos, se había debatido durante muchas horas entre la incertidumbre y la ansiedad, mientras esperábamos las noticias de Washington. «El pueblo panameño —decía— me ha dado un cheque en blanco, y no lo podemos defraudar».

La idea de reunir a cinco presidentes amigos para someter a su consideración el borrador final estaba desde entonces dentro de su cabeza. Tan importante era para él ese respaldo político y moral, que para tratar de conseguirlo no ha vacilado en someterse a lo que más detesta en este mundo: la solemnidad de los actos oficiales.

Lo que faltaba por resolver en aquella noche de Farallón era una simple cuestión de plata. Desde que se firmó el tratado Bunau Varilla en 1903, Estados Unidos no le ha pagado a Panamá sino 2.3 millones de dólares al año. Es un sueldo irrisorio. Ahora Panamá reclamaba mil millones de dólares inmediatos, como indemnización por las sumas dejadas de pagar, y ciento cincuenta millones al año hasta la recuperación total del Canal el 31 de diciembre de 1999. Estados Unidos se negaba a aceptar no solo las sumas, sino incluso las palabras. Pagar *indemnización*, alegaba, implica la aceptación de haber causado un daño. Por último aceptó la palabra *compensación*, que para el caso era lo mismo, pero se empecinó en regatear el dinero.

Torrijos consideraba que de todos modos era un paso importante, porque clarificaba una cuestión de principios, pero dio instrucciones a sus delegados en Washington para que siguieran peleando por el dinero.

La firmeza de Estados Unidos en este punto parecía obedecer a un razonamiento. Si Panamá ha obtenido hasta ahora todo lo que quería, no se molestará demasiado por un simple problema de plata. Sin embargo, Torrijos no pensaba lo mismo. Uno de sus asesores le había aconsejado ceder, con el argumento alegre de que «al fin y al cabo la plata es una cuestión secundaria». Torrijos le replicó con su sentido común demoledor:

—Sí, la plata es secundaria, pero para el que la tiene.

En todo caso valía la pena aguantar. En seis meses de [la administración] Carter, las negociaciones habían progresado mucho más que con todos los presidentes anteriores, y esto permitía pensar que por primera vez Estados Unidos tenía más prisa que Panamá. Primero, porque Carter necesitaba el tratado para usarlo como bandera de buena voluntad en una política nueva hacia América Latina. Segundo, porque debía someterlo a la aprobación del Congreso de su país, y esa posibilidad tiene una fecha límite: septiembre.

La verdad, sin embargo, parece ser que los cálculos de ambas partes eran equivocados. Las discusiones sobre el dinero se metieron en un callejón sin salida, y nadie había podido sacarlas de allí a principios de esta semana.

De modo que es muy probable que el general Torrijos, antes que nada, quisiera consultar la opinión de sus colegas de cinco países sobre este asunto crucial: ¿qué diablos hacemos con el problema de la plata?

Hay que conocer al general Torrijos, aunque solo sea un poco, para saber que estos callejones sin salida lo mortificaban mucho, pero no conseguirán nunca hacerlo desistir de lo que se propone. Al principio de las negociaciones, cuando no parecía concebible que Estados Unidos cediera jamás, le dijo a un alto funcionario norteamericano: «Lo mejor para ustedes será que nos devuelvan el Canal por las buenas. Si no, los vamos a joder tanto durante tantos años y tantos años y tantos años, que ustedes mismos terminarán por decir: Carajo, ahí tienen su canal y no jodan más».

Aunque los motivos de la devolución sean diferentes, la historia está demostrando que la amenaza era cierta.

Si hubiera que comparar al general Torrijos con los prototipos del reino animal, debería decirse que es una mezcla de tigre con mula. De aquel tiene el instinto sobrenatural y la astucia certera. De la mula tiene la terquedad infinita. Esas son sus virtudes mayores y creo que ambas podrían servirle lo mismo para el bien que para el mal. Su principal defecto, en cambio, es lo que casi todo el mundo considera erróneamente como su mayor virtud: la naturalidad absoluta. Es de allí de donde le viene esa imagen de muchacho díscolo que sus enemigos han sabido utilizar contra él con una propaganda perversa. Hasta el presidente [Alfonso] López Michelsen, que muy pocas veces se equivoca en el conocimiento de la gente, dijo alguna vez que el general Torrijos era un jefe de gobierno folclórico. Hubiera podido decir, para ser exacto, que es de una naturalidad inconveniente.

En cierta ocasión, un embajador europeo se puso bravo porque Torrijos lo recibió sentado en una hamaca, que para colmo de naturalidad tenía su nombre bordado en hilos de colores. En otra ocasión alguien vio mal que su secretaria lo ayudara a ponerse las medias. Los sábados, un pescador que se emborracha cerca de su casa de Farallón se suelta en improperios contra él, y termina por mentarle la madre. El general Torrijos ha dado instrucciones a su guardia que no moleste al borracho, y solo cuando se propasa en agresividad, él mismo sale a la terraza, le contesta con los mismos improperios, y hasta le mienta la madre.

Torrijos habría conjurado esa mala imagen si pudiera ser menos natural en algunas circunstancias. Pero no solo no lo hace, sino que ni siquiera lo intenta, porque sabe que no puede. A quienes se lo critican, les contesta con una lógica inclemente:

—No se les olvide que no soy jefe de ningún gobierno de Europa, sino de Panamá.

Aunque sus padres eran maestros de escuela, y por consiguiente estaban formados en la clase media rural, la verdadera personalidad de Torrijos no se expresa a cabalidad sino entre los campesinos. Le gusta hablar con ellos, en un idioma común que no es muy comprensible para el resto de los mortales, e incluso se tiene la impresión de que mantiene con ellos una complicidad de clase.

En la Ciudad de Panamá, en cambio, se siente fuera de ambiente. Allí tiene una casa propia, la única que tiene y que compró hace unos quince años a través del Seguro Social, y es grande y tranquila y llena de árboles, pero raras veces se lo encuentra ahí. Más aún: una vez llegué de sorpresa a Panamá, y tratando de encontrarlo recurrí a la seguridad nacional. Al día siguiente, cuando por fin conseguí verlo, le pregunté con bromas de burla qué clase de seguridad nacional era aquella que no había podido encontrarlo en doce horas.

—Es que estaba en mi casa —dijo él, muerto de la risa—. Y ni a la seguridad nacional se le puede ocurrir que yo esté en mi casa.

Solo lo he visto una vez en esa casa, y parecía otro hombre. Estaba en una oficina muy pequeña, impecable, bien refrigerada, con fotos familiares y algunos recuerdos de su carrera militar. Al contrario de las otras veces, llevaba su uniforme urbano, y era evidente que no se sentía cómodo dentro de ese uniforme formal, ni tampoco me sentía cómodo, porque por primera vez tenía la impresión de no ser recibido como amigo, sino como un visitante extranjero en audiencia especial. Tal vez por eso, cada vez que puede, Torrijos se escapa en su helicóptero personal y se va a esconder entre los campesinos. No lo hace, como podría pensarse, para huir de los problemas. Al contrario: allí sus grandes problemas son más grandes. Hace poco lo acompañé en la visita a una de esas comunidades campesinas que se están desarrollando en todo el país. Los campesinos le rindieron cuentas de su trabajo en forma muy minuciosa y franca, pero al final le pidieron cuentas del suyo. También ellos, perdidos en la montaña, querían saber cómo iban las conversaciones sobre el Canal.

Fue esa la única vez en que he visto a Torrijos contra la pared, haciendo un informe amplio y casi confidencial sobre el verdadero estado de las conversaciones, como no lo había hecho ante sus numerosos interlocutores de la ciudad.

Oyéndolo hablar entre los campesinos, comprendí que Torrijos es consciente de que la firma del tratado no acabará con sus problemas, sino todo lo contrario. Entonces será cuando empezarán los más grandes. El tema del Canal ha sido tan enorme y absorbente, que va a dejar en la vida de los panameños un vacío casi sin fondo que ya no podrá llenarse con esperanzas sino con hechos concretos.

El pacto de clases que hizo posible la unidad nacional para el éxito de las negociaciones llega ahora a su fin. La oligarquía panameña —que no es muy fuerte pero que tiene muy buenos socios en Estados Unidos, y ha contribuido con sus mejores cuadros y con sus buenos oficios— ahora se prepara sin duda para pasar la cuenta. Pero también el pueblo panameño, que le ha ofrecido a Torrijos un respaldo incondicional y su inmensa capacidad de sacrificio, espera el suyo; hay muchas reivindicaciones aplazadas, muchas promesas incumplidas en nombre de esta concordia nacional. En medio de esas dos fuerzas contrarias, el general Torrijos se parece ahora más que nunca a esos héroes de Hemingway abrumados por el hecho de la victoria.

Lo único que tal vez no se sepa más, y que nunca me atrevería a preguntar, es qué piensa del tratado el propio general Torrijos. Cómo votaría en el plebiscito que debe llevarse a cabo dentro de cuarenta días, si él no fuera el general Torrijos sino un panameño común. Yo creo, por pura intuición de escritor, que votaría a favor, aunque estoy seguro, sin duda, de que la mayoría de los panameños quería más, y sé que tenía derecho a quererlo. Lo creo así porque he hablado con muchos panameños de todas las clases y de todos los colores, y sé que en su interior el general Torrijos es uno de los más radicales. Solo que también es el único que lleva a cuestas el peso del poder, y el poder pesa.

Graham Greene:
la ruleta rusa de la literatura[2]

No bien había acabado de leer el último libro de Graham Greene —*Vias de escape*, que es el segundo volumen de sus memorias descosidas— cuando estalló en Francia el escándalo de su libro siguiente, *Yo acuso*, que es, al parecer, un reportaje sigiloso sobre la corrupción en la muy corrupta y muy hermosa ciudad de Niza. El alcalde de esta —como cualquier canciller colombiano en una ocasión reciente— se apresuró a declarar que el gran escritor inglés, cuyos libros figuran entre los más vendidos del mundo, solo estaba buscando publicidad para aumentar sus ventas. Graham Greene, que es refractario a toda clase de declaraciones dramáticas, reiteró para la prensa las denuncias de su libro, y le puso un grave punto final al asunto: «Prefiero que me maten de un tiro a morirme de viejo en mi cama». La declaración, más que suya, parece de alguno de sus personajes. Hay que confiar en que no sean muchos los franceses que compartan la opinión apresurada del alcalde de Niza, que ninguno de ellos le dispute a Graham Greene el derecho indeseable de morirse de muerte natural, y que todos terminen por entender que los escritores son una plaga imprevisible, incapaces de callar lo que a su juicio se debe decir. Graham Greene, a sus setenta y ocho años bien vividos, no podía menos que hacer lo que ha hecho durante toda su vida: escribir contra toda injusticia. Desde hace tiempo vive en Antibes, una ciudad marina a treinta kilómetros de Niza, muy cerca de donde vivió y murió Pablo Picasso, y donde han ido a morir por sus propios pies muchos artistas grandes de nuestro

---

[2] Artículo publicado en *El País* el 10 de febrero de 1982.

tiempo. Los elefantes tienen un sitio común para morir, y hasta
allí llegan con el último aliento. En ese sentido se ha dicho muchas
veces que la Costa Azul es uno de los más espléndidos cementerios de elefantes del mundo, y Antibes es uno de sus recodos más
tranquilos y hermosos. Sin duda, quienes sabían que Graham
Greene se había instalado allí desde hace muchos años no habían
podido eludir la metáfora de los elefantes. Es cierto que casi cada
año ha publicado un libro, y que hace apenas cuatro escribió la
que para mi gusto es una de sus obras maestras: *El factor humano*.
Pero no hacía declaraciones, no se le veía en sitios públicos, salvo
en algún bar escondido cuyo propietario lo conoce y lo recibe
siempre con un coctel diabólico inventado por él mismo, y había
logrado incluso la dicha de que ya no lo incluyeran cada año en
la lista de candidatos al Premio Nobel. «No me lo darán nunca
porque no me consideran un escritor serio», me dijo alguna vez,
y es posible que tenga razón. Lo que nadie podía imaginarse es
que aquel inglés colorado y de aspecto un poco distraído, que no
se había convertido en un personaje típico de la región, como
tantos otros artistas en reposo, seguía viendo más de lo que parecía, y escrutaba con su atención implacable las entrañas más oscuras y peligrosas de la ciudad.

A mí no me ha sorprendido. Primero, porque creo tener una
cierta idea de cómo son los escritores por dentro. Aun en sus ins-
tantes más pasivos, cuando están tirados boca arriba en la playa,
trabajan como burros. El mismo Graham Greene lo ha dicho: «Escribir es una forma de terapia: a veces me pregunto cómo se las
arreglan los que no escriben, o los que no pintan o componen música, para escapar de la locura, de la melancolía, del terror pánico
inherente a la condición humana». Rilke dijo lo mismo de otro
modo: «Si usted cree que es capaz de vivir sin escribir, no
escriba».

El libro sobre la corrupción de Niza no me ha sorprendido, en
segundo término, porque Graham Greene ha estado en incontа-
bles lugares de este mundo —como periodista, como espía, como
corresponsal de guerra, como turista simple— y todos ellos han
aparecido más temprano o más tarde incorporados en la esencia
de sus libros. Graham Greene lo reconoce en sus memorias,

aunque se pregunta a su vez, como todo escritor, hasta qué punto era consciente de la búsqueda o el aprovechamiento de sus fuentes de inspiración. «Yo no las buscaba», dice: «tropezaba con ellas». Era muy difícil, por supuesto, que no tropezara con los bajos fondos de Niza.

No me ha sorprendido, en último término porque, de un modo consciente o inconsciente, Graham Greene fue siempre a buscar sus fuentes de inspiración en lugares distantes y arriesgados. En cierta ocasión, siendo muy joven, jugó a la ruleta rusa. El episodio está contado sin dramatismos en el primer volumen de sus memorias, que llegan hasta cuando cumplió veintisiete años. Desde antes se había hablado de eso con cierta frecuencia, como una extravagancia de la juventud. Pero, si se piensa con más cuidado, Graham Greene no ha dejado casi nunca de jugar a la ruleta rusa: la mortal ruleta rusa de la literatura con los pies sobre la tierra. El último episodio es, sin duda, este libro sobre la cara oculta de Niza, que tantos lectores de Graham Greene estamos ansiosos de conocer.

Es difícil encontrar en este siglo un escritor que sea víctima de tantos juicios apresurados como lo es Graham Greene. El más grave de ellos es la tendencia a que se le considere como un simple escritor de novelas de misterio, y que, aun si así fuera, se olvide con tanta facilidad que muchas novelas de misterio circulan por los cielos más altos de la literatura. Pero el más injusto de esos juicios es el de que Graham Greene no se interesa por la política. Nada más falso. «A partir de 1933», dice él mismo, «la política fue ocupando un lugar mayor en mis novelas». De su permanencia en Vietnam como enviado del *Times* de Londres para escribir sobre la guerra de independencia contra los franceses nos quedó su novela *El americano impasible*. El más distraído de los lectores debería darse cuenta de que esa novela no es solo una representación literaria de aquel drama humano, sino una visión profética de la intervención posterior de Estados Unidos en la vida privada de Vietnam.

En este aspecto, Graham Greene nos concierne a los latinoamericanos, incluso por sus libros menos serios. En *El poder y la gloria* dejó plasmada una visión fragmentaria, pero muy conmovedora, de toda una época de México. *Comediantes* es una exploración en el infierno de Haití bajo la tiranía vitalicia del doctor Duvalier. *Nuestro hombre en La Habana* es una mirada fugaz, pero de una ironía amarga, sobre el burdel turístico del general Fulgencio Batista. *El cónsul honorario* fue una de las pocas noticias que la literatura nos ha dado sobre el despotismo oscuro del general Stroessner en el Paraguay. Por todo esto alguna vez le pregunté si no se consideraba un escritor de América Latina. No me contestó, pero se quedó mirándome con una especie de estupor muy británico que nunca he logrado descifrar.

Cuando se firmaron los tratados del Canal de Panamá, hace cuatro años, Graham Greene y yo viajamos a Washington como invitados personales del general Omar Torrijos. Para ambos fue una buena ocasión de entrar en Estados Unidos sin formalismo de inmigración: ambos tenemos limitado nuestro ingreso por motivos que ni el uno ni el otro conocemos muy bien. Nunca olvidaré el alborozo de niño travieso de Graham Greene cuando desembarcamos en la base militar de Andrews, cerca de Washington, con nuestros pasaportes oficiales panameños válidos por esa sola vez, y entre las músicas marciales y el saludo de rigor de veintiún cañonazos. «Estas cosas solo le pasan a uno», pensaba yo, muerto de risa, mientras la periodista Amparo Pérez trataba de sacarme una declaración trascendental. Graham Greene, en cambio, se inclinó hacia mí, menos serio que yo, y me dijo en francés: «Estas cosas solo le pasan a Estados Unidos». Esa misma noche, un grupo de amigos tuvo que ocuparse de él, porque quería asistir a una recepción oficial en la Casa Blanca solo para mentarle la madre al general Pinochet. No es extraño, pues, que un hombre así haya escrito ese libro sobre la cara oculta de Niza, que sus lectores asiduos y devotos del mundo entero estamos ansiosos de leer.

Mi amigo Greene[3]

Siempre tuve la impresión de que a Graham Greene no le gustaban mucho mis libros. Alguna vez me dijo que *Cien años de soledad* le había parecido muy largo y por eso no lo había terminado de leer.

Graham Greene empezó a gustarme por la inteligencia de sus cuentos policíacos, de misterio y terror. Pero me convencí de que era uno de los grandes cuando descubrí sus visiones del Trópico. Él me enseñó una manera de ver el Caribe. Me enseñó a lograr que hiciera calor en los libros. Greene no lo decía de frente, pero aportaba todos los detalles para que el lector sintiera el calor. En mis novelas utilizo esos elementos que aprendí de él para describir el clima: ese clima que influye en el modo de ser de las personas.

Leí con gran interés *Un caso acabado*, una de sus novelas menos conocidas, y muchos años después le pedí prestado un buque a ese libro. Hay en él una descripción de un buque igual a los del Magdalena. Es el del obispo que utilicé en *Crónica de una muerte anunciada*. Y se lo dije: «Te he robado un buque». Greene ya había leído mi libro y no se había dado cuenta.

La mala hora tiene, desde el punto de vista técnico, una estructura casi calcada de la obra de Graham Greene.

Greene era un maestro para dar un ambiente o una situación con un solo trazo. Qué tal esta: «Tal vez la tierra sea el infierno de otros planetas».

Greene es el tipo menos conversador que he conocido. Pero era un gran bebedor. Nos hicimos amigos de borracheras. Él hablaba muy mal el español y yo muy mal el inglés. Entonces utilizábamos como intérprete a Chuchu Martínez —el biógrafo de Torrijos—. Pero después del tercer trago se acababan las traducciones

---

[3] Publicado en el diario *La Jornada* el día 12 de mayo de 1991.

y nos hacíamos entender en francés. Y luego en una mezcla de todos los idiomas. Íbamos con frecuencia a un bar en Panamá donde él enseñó a preparar un coctel infernal.

Siempre que tomábamos eso terminábamos redondos.

Los libros que más me gustan de Graham Greene son *El poder y la gloria*, *Un caso acabado*, *El revés de la trama*... la verdad es que me gustan todos. Pero el que más me gusta es *El factor humano*: se acerca mucho a la novela perfecta.

Cuando el Fondo de Cultura Económica tradujo *Getting to know the General* —su obra sobre Torrijos—, me preguntaron qué título le cuadraba en español: yo les dije a los editores que le pusieran sencillamente *Descubriendo al General* y que no le dieran más vueltas. Greene se enteró y se puso furioso:

«¿Desde cuándo Gabo titula mis libros?».

Hace un par de años me llamó el editor inglés de Graham Greene y me pidió que escribiera el prólogo para la edición de lujo con la que celebraron, el año pasado, los cincuenta años de *El poder y la gloria*. El propio Greene me había recomendado para este encargo. Supongo que lo hizo porque consideraba que yo conocía muy bien su obra y conocía muy bien México, que es donde se desarrolla la novela. Pero no acepté. Jamás me hubiera atrevido a improvisar un texto tan importante. Habría tenido que releer toda su obra con mucho cuidado.

Una de las épocas en las que más nos hablamos fue cuando la guerrilla salvadoreña secuestró a un par de banqueros ingleses. Torrijos me llamó para gestionar una prórroga en el plazo que habían dado para llegar a un acuerdo. Yo acepté, con la condición de no hablar de dinero. Entonces llamé a Greene para que me hiciera el favor de gestionar los asuntos en Inglaterra. Estuvimos hablando varias veces al día durante más de un mes.

Al final se logró lo que queríamos. Un tiempo después se supo la noticia y nos acusaron de negociar secuestros. Greene se enverracó y dijo que no solo lo habían hecho gastar tiempo y dinero en llamadas internacionales, sino que ni siquiera le habían regalado una botella de whisky.

Graham Greene y yo teníamos prohibida la entrada a los Estados Unidos. Pero cuando Torrijos iba a firmar el Tratado del Canal llegamos hasta Washington con pasaportes panameños, como parte de la delegación oficial. Bajamos la escalerilla, en el aeropuerto de la Base Andrews, con honores militares. Esa vez nos reíamos mucho. En Washington estaban todos los presidentes latinoamericanos.

Una noche, en el coctel que daba la OEA, Graham Greene se emborrachó y estaba decidido a pegarle una trompada a Pinochet. Le conté a Torrijos y me advirtió que no le dijera a nadie, porque de pronto se lo impedían. Finalmente alguien supo y se lo impidieron.

Camino a Washington, Graham Greene iba escribiendo. De repente lo interrumpí y le dije que aprovecháramos para hablar, ya que pocas veces teníamos la oportunidad de hacerlo.

Greene me dijo que eso solo era posible borrachos. Entonces nos servimos unos tragos. Esa vez le pregunté quiénes eran los escritores que más habían influido en su obra. Me dio tres nombres: Stevenson, Conrad y James. También le pregunté por qué creía que no le habían dado el Nobel. Me dijo que no se lo habían dado porque no lo consideraban un escritor serio.

Uno de los primeros telegramas que recibí cuando me dieron el Nobel fue el de Graham Greene. Tenía la exactitud de su estilo: «Lástima no poder celebrarlo con Omar».

Cuando fui a Estocolmo le pregunté a los miembros de la Academia Sueca por qué no le habían dado el Nobel a Borges, ni a Rulfo, ni a Greene. Inventaron alguna disculpa pero yo comprobé que en realidad a Greene no lo consideraban un escritor serio. Les dije, sin embargo, que al dármelo a mí, indirectamente se lo daban a él. Yo no hubiera podido escribir nada si no hubiera leído a Graham Greene.

En diciembre se cumplen los cien años de los premios Nobel. Nos invitaron a todos los que lo hemos recibido, y nos pidieron un candidato. Yo propuse a Greene. Era la mejor oportunidad, porque supongo que tendrán que escoger a alguien muy especial.

Cuando supe que había muerto eso fue lo primero que se me vino a la cabeza. Yo estaba seguro de que esta vez se lo daban a él y al viejo cabrón se le ocurrió morirse.

Lo más grave es que ahora va a engrosar la lista de los que no recibieron el Nobel, al lado de Tolstói, Twain, Proust, Joyce, Conrad, Woolf, Kafka y Borges, por citar algunos. Y va a costar mucho trabajo hacer una lista de premios Nobel que sea más grandiosa que esta.

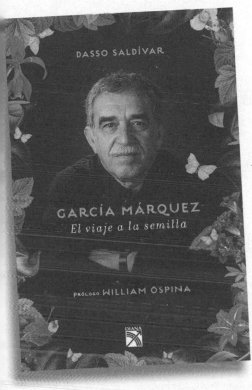

García Márquez
El viaje a la semilla

Dasso Saldívar

«Si hubiera leído antes *El viaje a la semilla*, no habría escrito mis memorias», le dijo García Márquez a Dasso Saldívar después de no haber podido soltar su libro en tres días.

Durante veinte años, Saldívar investigó, viajó a los lugares esenciales para García Márquez, realizó centenares de entrevistas e indagó en archivos de varios países para obtener respuesta a su obsesión: quién era el hombre que escribió *Cien años de soledad*, y cuál es la realidad histórica, cultural, familiar y personal que subyace a esta prodigiosa novela.

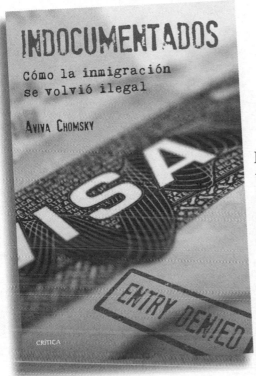

Indocumentados. Cómo la inmigración se volvió ilegal.

Aviva Chomsky

Los inmigrantes ilegales en Estados Unidos se han convertido en verdaderos refugiados de la guerra fronteriza. Su estatus legal, cambiante de Estado a Estado y de Presidencia a Presidencia, ha creado un caos migratorio que no permite resolver el debate más importante de nuestros tiempos: ¿Cómo documentar la vida de los indocumentados?

En este brillante trabajo, la activista de derechos humanos Aviva Chomsky muestra cómo la *ilegalidad* y la *indocumentación* son conceptos creados exclusivamente para excluir y explotar.